AF756454

वैदिक साहित्य में उपासना का महत्त्वपूर्ण स्थान है। हिन्दू धर्म के सभी मतावलम्बी–वैष्णव, शैव, शाक्त तथा सनातन धर्मावलम्बी–उपासना का ही आश्रय ग्रहण करते हैं। यह अनुभूत सत्य है कि मन्त्रों में शक्ति होती है। परन्तु मन्त्रों की क्रमबद्धता, शुद्ध उच्चारण ओर प्रयोग का ज्ञान भी परम आवश्यक है, जिस प्रकार कई सुप्त व्यक्तियों में से जिस व्यक्ति के नाम का उच्चारण होता है, उसकी निद्रा भंग हो जाती है, अन्य सोते रहते हैं, उसी प्रकार शुद्ध उच्चारण से ही मन्त्र प्रभावशाली होते हैं और देवों को जाग्रत करते हैं। क्रमबद्धता भी उपासना का महत्त्वपूर्ण भाग है। दैनिक जीवन में हमारी दिनचर्या में यदि कहीं व्यतिक्रम हो जाता है तो कितनी कठिनाई होती है, उसी प्रकार उपासना में भी व्यतिक्रम कठिनाई उत्पन्न कर सकता है।

अतः उपासना पद्धति में मन्त्रों का शुद्ध उच्चारण तथा क्रमबद्ध प्रयोग करने से ही अर्थ चतुष्टय की प्राप्ति कर परम लक्ष्य–मोक्ष को प्राप्त किया जा सकता है। इसी शृंखला में प्रस्तुत है–दुर्गा उपासना।

पं० राधाकृष्ण श्रीमाली

दुर्गा उपासना

डायमंड बुक्स

प्रकाशक : डायमंड पॉकेट बुक्स (प्रा.) लि.
X-30 ओखला इंडस्ट्रियल एरिया, फेस -II
नई दिल्ली- 110020
फोन : 011-40712200
ई-मेल : wecare@diamondbooks.in
वेबसाइ : www.diamondbooks.in
संस्करण : 2025
मुद्रक : (रेप्रो इंडिया)

DURGA UPASANA
by Radha Krishna Shrimali

प्राक्कथन

भारतीय वाङ्मय में हिन्दुओं का जीवन-धन सदैव से धर्म रहा है। 'धर्म इति धारयेत्' जो भी अपनाने या ग्रहण करने योग्य है वही धर्म है। यह जाति धर्मार्थ स्वयं को मिटा देना, धर्म पर स्व को, तन-मन-धन को न्यौछावर कर देना, सदा सर्वोपरि कर्त्तव्य कर्म और आदर्श, परम कर्त्तव्य ही नहीं परम सौभाग्य, परम धर्म समझती आ रही है। इसका प्रमाण यत्र-यत्र-सर्वत्र, पुराण, इतिहास के पन्ने रंगे पड़ें हैं। जब तक धर्म पर अटल विश्वास था, जब तक हिन्दू श्रुति, वेद, स्मृति, ऐतरेय अठारह पुराण, इतिहास प्रतिपाद्य सनातन धर्म के भक्त थे, अनन्य भक्त थे, तब तक़ धर्म पर भी पग-पग पर उनकी रक्षा करना था, यह तो निर्विवाद रूप सत्य है, सिद्ध है। कालान्तर में हमारी आस्था जब से धर्म पर से हटने लगी है, जब से हमारे धर्म-बंधन ढीले हुए, जब से धर्म पर तर्क-वितर्क होने लगा, उसे तर्क की कसौटी पर हम कसने लगे, तब से धर्म ने भी साथ देना छोड़ दिया और उसी का यह परिणाम हो रहा है कि हिन्दू जाति संकटापन्न अवस्था में है और इसकी आज वही दशा हो रही है, जैसी मझदार में डूबती किसी नाव की हो रही हो।

भगवान मनु ने अपनी स्मृति में स्पष्ट शब्दों में कहा है—

धर्म एव हतो हन्ति, धर्मो रक्षति रक्षितः।
तस्माद् धर्म्मो न हन्तव्यो, मा नो धर्मो हतोऽवधीत्।।

अर्थात् नष्ट किया हुआ धर्म ही नाश करता है और रक्षित किया धर्म ही रक्षा करता है। 'नष्ट धर्म कहीं हमें नष्ट न करे' इसलिए कभी भी धर्म का नाश नहीं करना चाहिए। क्योंकि—

एक एव सुहृद्धर्मो, निधनेऽप्यनुयाति यः।
शरीरेण समं नाशं, सर्वमन्यद्धि गच्छति।।

अर्थात् धर्म मात्र ही एक ऐसा मित्र है जो मरने पर साथ जाता है। और सब कुछ शरीर के साथ नष्ट हो जाता है। धर्म अच्छा है या कि बुरा, इस पर तर्क-वितर्क करने की आवश्यकता ही नहीं है। जिस धर्म को हमारे पूर्वज, पुरखे मानते आये हैं, उसी को हमें मानना उचित भी है। कारण भगवान् श्रीकृष्ण ने गीता में अर्जुन को उपदेश देते हुए स्पष्ट कहा है—

'श्रेयान्स्वधर्मो विगुणः पर धर्मात्स्वनुष्ठितात्।
स्वधर्मे निधनं श्रेयः परधर्मो भयावहः।।

अर्थात–

हो परधर्म रुचिर, गुणवाला, पर स्वधर्म निर्गुण भी श्रेय।
मरना भी शुभ है स्वधर्म में, धर्म पराया भयप्रद हेय।।

इस कारण प्रत्येक जाति वालों को, यदि वह निज कल्याण चाहते हैं, तो अपने-अपने धर्म का पालन बिना किसी प्रकार के ना-नुकर, तर्क-वितर्क और सन्देह के, करना चाहिए तभी वह निस्संदेह सुखी रह सकते हैं।

मनुस्मृति में लिखा है–

आचारः परमो धर्मः श्रुत्युक्तः स्मार्त एव च।
सर्वस्य तपसो मूलमाचारं जगृहुः परम्।।

अर्थात् वेद और स्मृति में कहा गया आचरण ही परम धर्म है। आचरण को ही सब तपस्याओं का मूल माना है।

जो प्राणी सदाचार पूर्वक रहकर अपने स्व उपास्यदेव की आराधना करता है, वह सभी कुछ इच्छित फल प्राप्त कर अपने जीवन को पूर्ण सफल, सार्थक, आनन्दमय सुखमय बनाते हुए अन्त में उस स्थान पर पहुंच जाता है जिसको श्रीकृष्ण ने गीता में कहा है–

यं प्राप्य न निवर्तन्ते तद्धाम् परमं मम।

अर्थात् उस परम स्थान पर पहुंच जाते हैं जहां से फिर नहीं लौटते। सनातन धर्म में मूलतः पांच उपास्यदेव माने गए हैं–

'आदित्यं, गणनाथश्च, देवीं रुद्रश्च केशवम्।
पंचदेवत्वमित्युक्तं, सर्व कर्मसु पूजयेत्।।

सूर्य, गणपति, दुर्गा, शंकर और विष्णु परन्तु कलियुग में–**'कलौ चण्डी विनायकौ'** वाक्यानुसार गणेश और चण्डी अर्थात् दुर्गा की उपासना को प्रमुख माना गया है। वास्तविकता भी यही है कि दुर्गा माता अपनी सन्तान को थोड़ी-सी सेवा से भी प्रसन्न होकर अपने सकल मनोरथों को सिद्ध करते हुए देखी गई हैं।

इसका स्पष्ट प्रमाण छत्रपति शिवाजी, परमहंस, रामकृष्ण आदि अनेकानेक विभूतियां इस कलिकाल में भी इस बात को प्रत्यक्ष सिद्ध करके दिखाई गई हैं कि 'मां' की सेवक सन्तान अलौकिक

शक्ति-सम्पन्न होकर संसार में क्या-क्या नहीं कर सकती?

मातेश्वरी श्री भगवती दुर्गा परमेश्वर की उन प्रधान शक्तियों में से एक हैं जिनको आवश्यकतानुसार समय-समय पर उन्होंने प्रकट किया है जैसे—

एकैव शक्तिः परमेश्वरस्य, भिन्ना चतुर्धा व्यवहार काले।
पुरुषेण विष्णुः भोगे भवानी समरे च दुर्गा प्रलये च काली।।

उसी परमेश्वर की दुर्गा शक्ति की उत्पत्ति तथा उसके चरित्रों का वर्णन मार्कण्डेय पुराण के अन्तर्गत देवी माहात्म्य में है। वह देवी माहात्म्य ७०० श्लोकों में वर्णित है। अतः वह माहात्म्य 'दुर्गासप्तशती' नाम से संसार में ख्यात है। उसी मां दुर्गा शक्ति की उपासना भारतीय चिरकाल से करते चले आते हुए शक्तिशाली बने हुए थे। इसीलिए मां के चरित् में वर्णित है कि—

या देवी सर्व भूतेषु शक्ति रूपेण संस्थिता।
नमस्तस्यै नमस्तस्यै नमस्तस्यै नमो नमः।।

जब तक मां अपने उपासकों में शक्ति रूप होकर स्थित थीं तब तक किसी की सामर्थ्य नहीं थी जो सामने आ सके और जो कोई आया भी तो उसे मुंह की खानी पड़ी।

दुर्गा सप्तशती

श्री वेद व्यास रचित मार्कण्डेय पुराणान्तर्गत दुर्गा सप्तशती विविध पुरुषार्थ साधिका, कर्मोपासना, ज्ञानोत्तम, सिद्धान्त प्रतिपादिका, वेद वेदांग, वेदान्त तत्त्व प्रकाशिका, सफल भक्ताभीष्ट वरप्रदा, अभयदा एवं अशरण शरणदा है। इसमें जिस विशद, विमल चरित्र का वर्णन है, उसका संक्षेप में वर्णन अपने पाठकों की जानकारी के लिए कर रहा हूं। वास्तव में शस्त्रास्त्र धारिणी श्री भगवती के जिस युद्ध का वर्णन वेद में समान रूप से है, उसी को श्री वेदव्यास ने अपने ज्ञान-चक्षु द्वारा देखकर, मार्कण्डेय पुराण में विशद रूप में लिखा है। वह कथा तीन चरित्रों में वर्णित है और उसकी संक्षिप्त कला इस प्रकार है—

प्रथम चरित्र

दूसरे मनु के राज्याधिकार में 'सुरथ' नामक चैत्र वंशोद्भव

राजा राज्य करता था। शत्रुओं तथा दुष्ट मंत्रियों के कारण उसका राज्य-कोष आदि सब कुछ उसके हाथ से निकल गया। राजा हतश्री होकर जंगल में चला गया और वहां 'मेधा' नामक ऋषि के आश्रम में पहुंचा। वहां पहुंचने पर भी राजा 'सुरथ' मोहवश प्रजा, पुर, शूर, हाथी, धन, कोष, और दासों की अर्थात् अल्प नाशवान् पदार्थों की चिन्ता करके दुखी हुआ। राजा सुरथ की वही दशा हुई जो भगवद् भक्ति से विहीन पुरुषों की होती है।

इसी 'मेधा' ऋषि के आश्रम में 'समाधि' नाम के वैश्य से राजा 'सुरथ' की भेंट हुई। यद्यपि वह वैश्य अपने धन-लोलुप स्त्री-पुत्रों द्वारा घर से निकाल दिया गया था तथापि उनके दुर्व्यवहार को भूलकर उनके वियोग में दुखी था।

इस प्रकार ये दोनों दुखी जीव 'मेधा' ऋषि की सेवा में उपस्थित हुए। शिष्टाचार पूर्वक अभिवादन कर दोनों ऋषि के पास बैठ गए। राजा ने ऋषि से कहा—जिस विषय में हम दोनों को दोष दिखता है, उसकी ओर भी ममतावश हमारा मन जाता है। हे मुनिवर, यह क्या बात है कि ज्ञानी पुरुषों को भी मोह होता है।

महर्षि उन्हें मोह का कारण बताते हुए कहने लगे—इसमें कुछ भी आश्चर्य नहीं करना चाहिए कि ज्ञानियों को भी मोह होता है, क्योंकि महामाया भगवती अर्थात् भगवान् विष्णु की योग निद्रा (तमोगुण प्रधान शक्ति) ज्ञानी (बुद्धिमान) पुरुषों के चित्त को भी बलपूर्वक खींचकर मोह युक्त कर देती है, वही भक्तों को वर प्रदान करती है और 'परमा' अर्थात् ब्रह्म ज्ञान स्वरूपा है।

राजा सुरथ ने भगवती की ऐसी महिमा सुनकर, मेधा ऋषि से कहा—'हे द्विज! हे ब्रह्मज्ञानियों में श्रेष्ठ! मेरे तीन प्रश्न हैं—

'(अ) वह महामाया देवी कौन है?

(ब) वह कैसे उत्पन्न हुई?

(स) उसका काम तथा प्रभाव क्या है?

मुनि ने उत्तर दिया—

नित्यैव सा जगन्मूर्तिस्तया सर्वमिदं जगत्।

वह भगवती सदा विद्यमान रहने वाली है। यह जगत उसी का रूप है। उसी ने इसे बनाया है।

प्रथम चरित्र की कथा,

जब, प्रलयोपरान्त भगवान् विष्णु शेष-शय्या पर योग निद्रा में निमग्न हुए, जब उनके कानों के मैल से मधु और कैटभ नामक दो असुर उत्पन्न होकर हरि-नाभि-कमल स्थित ब्रह्माजी को नष्ट करने चल पड़े। तब ब्रह्माजी भगवान की योग निद्रा को षट् तुरीया शक्ति के रूप में सुन्दर सरस स्तुति (रात्रि-सूक्त) प्रेमपूर्वक करने लगे और उसमें उन्होंने ये तीन प्रार्थनाएं कीं—(१) भगवान विष्णु को जगा दीजिए (२) उन्हें दोनों असुर के संहारार्थ मारने के लिए उद्यत कीजिए और (३) असुरों को विरोहित करके भगवान् द्वारा उनका नाश कराइए। श्री भगवती ने स्तुति से प्रसन्न होकर ब्रह्माजी को दर्शन दिया। उस (योग निद्रा) से मुक्त होकर श्री भगवान् उठे और असुरों को ब्रह्माजी को ग्रसने के लिए उद्यत देख उनसे युद्ध करने लगे। तदुपरान्त दोनों असुर योग निद्रा से मोहित हो गए और उन्होंने श्री भगवान् से वर मांगने को कहा। अन्त में उसी वरदान के अनुसार वे भगवान् के हाथों मारे गये।

इस कथा से श्री ब्रह्मा जी ने यह उपदेश दिया है कि जो भगवती की उपासना करते हुए एवं कर्तव्य के अभिमान तथा सुकृत-दुष्कृत रूपी कर्मफल को त्यागकर अपने विहित कर्म में प्रवृत्त रहते हैं उनका जीवन शन्तिपूर्वक निर्विघ्न व्यतीत होता है। यही ब्राह्मी स्थिति है, जिसे पाकर मनुष्य मोहग्रस्त नहीं होता। महर्षि 'मेधा', सुरथ राजा तथा समाधि नाम वैश्य दोनों जिज्ञासुओं के निराकरण हेतु कर्म के उच्चतम सिद्धान्त करके उपासना एवं ज्ञानयोग के तत्त्व को भगवती के अन्यान्य प्रभावों द्वारा वर्णन करने लगे।

मध्यम चरित्र

मध्यम चरित्र की कथा का सारांश इस चरित्र में ऋषि ने राजा सुरथ तथा समाधि नामक वैश्य के प्रति मोहजनित सकामोपासना द्वारा अर्जित फलोपभोग के निराकरण के लिए निष्कामोपसना का उपदेश किया है। चरित्र कथा सार यों है—

प्राचीन काल में महर्षि नामक एक अति बलवान असुर उत्पन्न हुआ। वह अपनी शक्ति से इन्द्र, सूर्य, चंद्र, यम, वरुण, अग्नि, वायु

व अन्य देवताओं को हटाकर स्वयं इन्द्र बन गया और उसने समस्त देवताओं को स्वर्ग से बाहर निकाल दिया। अपने स्वर्ग-सुख भोगैश्वर्य से वंचित होकर दुखी देवतागण साधारण मनुष्यों की भांति मर्त्यलोक में भटकने लगे। अन्त में व्याकुल होकर वे लोग ब्रह्माजी के साथ विष्णु और शिवजी के पास गए और उनके शरणागत होकर अपनी व्यथा कही।

देवों की करुण कहानी सुन लेने पर विष्णु और शिव के मुख से महा तेज प्रकट हुआ। इसके पश्चात् ब्रह्मा, इन्द्र, सूर्य, चंद्र, यमादि देवताओं के शरीर से भी तेज निकला। यह सब एक होकर तीनों लोकों को प्रकाशित करने वाली एक दिव्य देवी के रूप में परिवर्तित हो गया।

ब्रह्मा, विष्णु, महेश तथा अन्य प्रमुख सुरों (देवता) ने अपने-अपने अस्त्र-शस्त्रों से दिव्य प्रकाश मयी उस तेजो मूर्ति को अमोघ अस्त्र-शस्त्र दिए। तब श्री भगवती अट्टहास करने लगी। उनके उस शब्द से समस्त लोक कम्पायमान हो गये।

तब असुर राज महिष 'आः यह क्या है?' ऐसा कहता हुआ सम्पूर्ण असुरों को साथ लेकर उस शब्द की ओर दौड़ा। वहां पहुंचकर उसने उस महाशक्ति देवी को देखा, जिसकी कान्ति त्रैलोक्य में फैली है और जो अपनी सहस्त्र भुजाओं से दिशाओं के चारा तरफ फैलकर स्थित है। इसके पश्चात् असुर देवी से युद्ध करने लगा।

श्री भगवती और उनके वाहन सिंह ने कई करोड़ असुर सैन्य का नाश किया । तत्पश्चात् भगवती के द्वारा चिक्षुर, चामर, उदग्र, कराल, वाल्कल, ताम्र, अन्धक, अतिलोम, उगाम्य, उग्रवीर्य, महाहनु, विड़ालास्य, महासुर, दुर्धर और दुर्मुख चौदह असुर सेनापति मारे गए। अन्त में महिषासुर, भैंसा, हाथी, मनुष्यादि के रूप धारण करके श्री भगवती से युद्ध करने लगा और मारा गया।

अपने समग्र शत्रुओं के मारे जाने पर देवगणों ने प्रसन्न होकर आद्या शक्ति की स्तुति की और वर मांगा।

जब-जब हम लोग विपदा में हों तब-तब आप हमें आपदाओं से विमुक्त करें और जो मनुष्य आपके इस पवित्र चरित्र को प्रेमपूर्वक पढ़ें या सुनें वे सम्पूर्ण सुख और एश्वर्यों से सम्पन्न हों।

श्री भगवती देवताओं को ईप्सित वरदान देकर अन्तर्धान हो गई। इस चरित्र में मेधा ऋषि ने इन्द्रादि देवगण के राज्याधिकार का अपहरण, आत्मा-शक्ति द्वारा उनके दुःखों का निराकरण तथा पुनः स्वराज्य-प्राप्ति का वर्णन करके सुरथ राजा के शोक-मोह के निवारण के लिए उसी आत्म-शक्ति की भक्ति का उपदेश दिया है।

उत्तम चरित्र

मध्यम चरित्र में मोह का कारण कर्मफलासक्त देवों द्वारा दिखाया जाकर उत्तम चरित्र में परानिष्ठा ज्ञान के बाधक आत्म-मोहन अहंकारादि के निराकरण का वर्णन किया गया है।

उत्तम चरित्र की कथा का सरांश

पूर्व काल में शुंभ और निशुंभ दो महापराक्रमी असुर हुए। उन्होंने इन्द्र का त्रैलोक्य का राज्य और यज्ञों का भाग छीन लिया। वे दोनों ही सूर्य, चंद्र, कुबेर, यम, वरुण, पवन और अग्नि के अधिकारों के अधिपति बन बैठे और उन्होंने सुर-समाज को स्वर्ग से निकाल बाहर किया। तब बड़े ही दुखी होकर सशोक देवतागण मृत्युलोक में आए। देवताओं को बार-बार का यह क्लेश अत्यन्त असहनीय हुआ और वे सदा के लिए इससे छुटकारा पाने का उपाय सोचने लगे। अन्त में वे हिमाद्रि पर्वत पर जाकर दयार्द्र हृदया श्री दुर्गा देवी के चरण कमलों की दिव्य ज्ञानमयी वन्दना करने लगे। श्री भगवती पार्वती अपने वचनानुसार हिमालय पर्वत पर गंगा के किनारे प्रकट हुईं और उन्होंने सुरों से पूछा—'तुम किस की स्तुति कर रहे हो?' उनके इतना कहते ही उनके शरीर से शिवा निकल कर कहने लगीं—'ये शुम्भ-निशुम्भ से लड़ाई नें हारे हुए, स्थानच्युत किए हुए सब देवगण एकत्र होकर मेरी स्तुति कर रहे हैं।'

पार्वती के शरीर से अंबिका उत्पन्न हुई, और भगवती पार्वती के शरीर से शिवा के निकल जाने पर उनका वर्ण काला हो गया। अतएव ये कालिका के नाम से ख्यात होकर हिमालय पर रहने लगी, तत्पश्चात् परम सुन्दरी अंबिका को शुंभ-निशुंभ के भृत्य

चण्ड-मुण्ड ने देखा। और उन दोनों ने शुंभ से जाकर उसके अतुल सौंदर्य की प्रशंसा की। उसने अपने भृत्यों की बात सुनकर सुग्रीव नामक असुर को अंबिका को ले आने के लिए भेजा।

सुग्रीव ने भगवती के पास पहुंचकर शुंभ-निशुंभ के ऐश्वर्य की बड़ी प्रशंसा की, और उससे परिग्रह की बात कही।

भगवती ने गंभीर भाव से मुस्कराते हुए कहा—'तूने जो कुछ कहा वह सब सत्य है, परन्तु इस विषय में मैंने जो प्रतिज्ञा कर ली है उसे मैं झूठी कैसे करूं। जो मैंने अज्ञानता से प्रतिज्ञा की है, उसे सुन, वह प्रतिज्ञा यह है—

जो लड़ाई में मुझे जीत लेगा, जो मेरे घमण्ड, दर्प को दूर कर देगा, जो सारे संसार में मेरे प्रतिबल अर्थात् बराबर ताकत वाला होगा, वही मेरा स्वामी होगा।' इसलिए महाअसुर शुंभ, निशुंभ यहां आएं और मुझे जीतकर जल्दी ही विवाह कर लें।

दूत ने कहा—'हे देवि! तुम्हें घमण्ड हो गया है। मेरे सामने ऐसी बात मत कह। तीनों लोकों में ऐसा कौन प्राणी है जो शुंभ, निशुंभ के समक्ष टिक सके। सुन, लड़ाई में राक्षसों के सामने सब देवता भी नहीं ठहर सके। तब हे देवि! तू अकेली स्त्री कैसे ठहर सकती है? इसलिए तू मेरे कहने से शुंभ-निशुंभ के पास चली चल, नहीं तो बाल पकड़कर घसीटकर ले जाई-जाएगी। देवी ने कहा—'जो तूने कहा, वह सब सच है, शुंभ ऐसा ही बलवान है और निशुंभ भी बड़ा वीर्यवान है, पर क्या करूं, मंदबुद्धि होने के कारण मैंने ऐसी प्रतिज्ञा करते समय पहले नहीं सोचा, अब लाचार हूं। अब तू जाकर जो कुछ मैंने कहा है, वह राक्षसों के राजा शुंभ को समझा कर कहना। वह जो उचित समझे वैसा करे।'

सुग्रीव ने शुंभ-निशुंभ के पास जाकर भगवती अंबिका की प्रतिज्ञा विस्तार पूर्वक कह सुनाई। शुंभ-निशुंभ ने कुपित होकर धूम्रलोचन नामक असुर को भेजा। भगवती ने धूम्रलोचन को हुंकार मात्र से भस्म कर दिया। और भगवती ने तथा उनके वाहन सिंह ने असुर सेना का विनाश कर दिया। तदुपरान्त असुर राजा शुंभ ने चण्ड-मुण्ड दोनों को बहुत बड़ी सेना के साथ भगवती कौशिकी को पकड़ लाने या मार डालने के लिए भेजा। वे सब हिमालय पर जाकर भगवती को पकड़ने का यत्न करने लगे। तब अंबिका

ने शत्रुओं पर अत्यन्त कोप किया और उनके ललाट से एक भयानक काली देवी प्रकट हुई। उसने असुर सेना का विनाश किया, और चण्ड-मुण्ड का सिर काटकर अंबिका के पास ले गई, इसी कारण उसका नाम चामुण्डा हुआ।

चण्ड-मुण्ड के नाश का समाचार सुनकर असुरेशों ने एक बड़ी सेना, जिसमें सात सेना-नायकों का विभाग था, भगवती से युद्ध करने भेजी। उस समय ब्रह्मा, विष्णु, शिव, इन्द्र, महावराह, नृसिंह, स्वामिकार्तिकेय—इन सात प्रमुख देवों की शक्तियां असुर सेना 'से युद्ध करने के लिए आयीं फिर अंबिका के शरीर से अत्यन्त भयंकर शक्ति निकली, और मां भगवती ने शुंभ-निशुंभ के पास शिवजी को दूत रूप में भेजकर उनसे कहलाया—'यदि तुम अपना कल्याण चाहते हो तो देवताओं को उनके छीने हुए लोक एवं यज्ञाधिकार लौटा दो पाताल में जाकर रहो।'

बल से उन्मत्त शुंभ-निशुंभ ने देवी की बात नहीं मानी और युद्धस्थल में सेना सहित उपस्थित हो गए। भगवती ने देव शक्तियों की सहायता से असुर सैन्य का संहार करना आरंभ किया और असुरों का रक्तबीज नामक एक सेनाध्यक्ष भगवती देव शक्तियों से युद्ध करने लगा। उसके शरीर से रक्त की जितनी बूंदें पृथ्वी पर गिरती थीं, उतने ही रक्तबीज उत्पन्न हो जाते थे। अन्त में देवी ने चामुण्डा को आज्ञा दी कि वह अपने मुख का विस्तार करके रक्तबीज के शरीर के रक्त को अपने मुख में ले और उससे उत्पन्न असुरों का भक्षण करें। चामुण्डा ने ऐसा ही किया और भगवती ने उस असुर का सिर काट डाला। तत्पश्चात् निशुंभ भगवती से युद्ध करने लगा और मारा गया। तब शुंभ ने क्रोधित होकर अंबिका से कहा—'तू दूसरों के बल का सहारा लेकर अभिमान करती है।'

श्री भगवती ने उत्तर दिया—'संसार में 'मैं' एक ही हूं, ये समस्त विभूतियां मेरी ही रूपान्तर मात्र हैं। ये मुझसे ही प्रकट हुई हैं और मुझमें ही समा जायेंगी।'

इसके पश्चात् नौ शक्तियां, जो देवी के शरीर से निकली थीं, उसी में प्रविष्ट हो गईं और शुंभ भी देवी के युद्ध-कौशल से मारा गया। देव गणों ने हर्षित होकर ३४ श्लोकों में अंबिका की स्तुति

की। अन्त में देवी प्रसन्न होकर बोलीं–'संसार का उपकार करने वाला वर मांगो।'

देवताओं ने कहा–'जब-जब हमारे शत्रु उत्पन्न हों तब-तब उनका नाश हो।'

भगवती आद्याशक्ति ने 'एवमस्तु' कहा, और भविष्य में सात बार भक्तों की रक्षा के लिए अवतार लेने की कथा तथा दुर्गा चरित्र के पाठ का माहात्म्य-वर्णन करके अन्तर्धान हो गई।

भगवती चंडिका अपनी स्तुति का माहात्म्य और उसका फल तथा पूजा-विधि कहकर अन्तर्धान हो गई। और मेधा ऋषि ने उसी महाशक्ति को धर्म, अर्थ, काम, मोक्ष, फल प्रदा कहकर यह उपदेश दिया–'हे महाराज! आप उसी परमेश्वर की शरण में जाइये। वह अपनी आराधना से प्रसन्न होकर मनुष्यों को भोग, स्वर्ग एवं मोक्ष प्रदान करती है।

राजा सुरथ और समाधि नामक वैश्य श्री भगवती के चरित्र तथा महर्षि 'मेधा' के उपदेश को सुनकर उन महादेवी भगवती को प्रसन्न करने के लिए नदी तट पर महती तपश्चर्या एवं उपासना करने लगे। जगद्धात्री चंडिका ने प्रसन्न होकर उन दोनों को दर्शन दिए और कहा–'मैं तुम दोनों से प्रसन्न हूं, तुम जो कुछ मांगोगे, वही मैं तुम्हें दूंगी।' आद्या देवी की बात सुनकर राजा ने यह विचार किया–'मेरे लिए आपना क्षात्रधर्म करना ही उचित है। अपने आश्रित जनों को कष्ट में छोड़कर अकेले वन में चले आना क्षात्रधर्म के विरुद्ध है। यदि मैं ब्रह्माजी के समान अपने कर्त्तव्य के अहंकार को भुलाकर उसी महामाया की आराधाना करता तो वह महाशक्ति जैसे उसने मधु-कैटभ से ब्रह्मा की रक्षा की थी, वैसी हमारी भी करती। राजधर्म का आदर्श कर्मयोग के उत्तम सिद्धान्त पर स्थित है। अतएव मुझे चाहिए कि जिस प्रकार इन्द्रादि देवताओं ने अधिकार से निकला हुआ स्वराज भगवती की कृपा से प्राप्त किया था, उसी प्रकार अपने गए हुए राज्य को पुनः प्राप्त करूं और न्याय नीति से अपनी समस्त प्रजा को सुखी बनाऊं।'

इस विचार के बाद राजा ने अगले जन्म में अखण्ड राज्य और इस जन्म में निज बल से शत्रु-शक्ति का नाश करके अपना गया हुआ राज्य प्राप्त करने का वर मांगा।

भगवती ने कहा, "राजा तुम शीघ्र ही अपना खोया हुआ राज्य प्राप्त कर लोगे तथा अगले जन्म में तुम सूर्य के पुत्र बनकर मनु होओगे। तुम्हारा नाम सावर्णि होगा।"

जब श्री भगवती ने वैश्य समाधि से वर मांगने को कहा तो उसने विचार किया—यह संसार दुःखमय है। देवताओं का कई बार राज्यच्युत होना और सुरथ राजा का राज्य भ्रष्ट होना, यह प्रमाणित करता है कि सांसारिक भोग, ऐश्वर्य अनित्य है। जिस तुच्छ सांसारिक सुख में मेरा मोह था, वह वास्तव में दुःख रूप ही था। जब त्रैलोक्य पर्वत का सुख अनित्य है, तब मुझे इससे विरक्त होकर इस परमेश्वरी की अनुकम्पा से ऐसा ज्ञान प्राप्त करना चाहिए जिससे नित्य अक्षय सुख स्वरूप में प्रविष्ट हो सकूं। निवृत्ति मार्ग पथिक, ज्ञाननिष्ठ समाधि नामक वैश्य ने अपने नाम-जाति को सार्थक करने वाले उपर्युक्त विचार के अनन्तर श्रीदेवीजी से मोह विनाशक ज्ञान मांगा। उसे मनोवांछित वर की संसिद्धि के लिए ज्ञान देकर श्री दुर्गा शीघ्र अन्तर्धान हो गई।

जिस प्रकार भगवती की आराधना से राजा सुरथ और समाधि नामक वैश्य का मनोरथ सिद्ध हुआ उसी प्रकार हर एक व्यक्ति का, जो भगवती का अनन्य भक्त होकर उपासना करे, मनोरथ सिद्ध हो सकता है। देवी की उपासना करने का मार्ग सुगम नहीं है और उसे हर एक जानता भी नहीं है। इसीलिए मनोरथ की सिद्धि हर एक आज-कल कर सके, यह कठिन ही नहीं, असंभव-सा है। जब सिद्धि नहीं होती, तब उस पर लोगों का विश्वास भी नहीं रहना एक सहज, स्वाभाविक बात है। यद्यपि मां भगवती इतनी दयार्द्र हृदया, करुणामयी, भक्तवत्सल हैं कि केवल एक बार दुर्गासप्तशती का पाठ मात्र करने से मनोरथ सिद्ध कर देती हैं, पर होना चाहिए एकाग्रचित्त् होकर, विधि-विधान से। यदि ऐसा नहीं होता तो हमारे मनोरथों की सिद्धि नहीं हो सकती। आजकल प्रायः सिद्धि न होने का मुख्य कारण विधि विधान का न जानना ही है। आजकल जो पाठ होते हैं वे प्रायः अधम रीति से किए जाते हैं जिनका फल नहीं मिलता। क्योंकि शास्त्र का मत है—

गीती शीघ्री, शिरः कम्पी तथा लिखित वाचकः।
अनर्थज्ञोल्प कण्डश्च षडेते पाठकाऽधमाः।।

गाकर पाठ करना, जल्दी-जल्दी पाठ करना, पाठ करते समय हिलते जाना, जैसा शुद्धाशुद्ध लिखा है वैसा ही पाठ करना, अर्थ जाने बिना पाठ करना और अल्प कण्ठ अर्थात् आधा पढ़ना आधा न पढ़ना—इतने प्रकार के ६ पाठ अधम कहलाते हैं।

पाठ इस प्रकार करें—

माधुर्यमक्ष व्यक्तिः पदछेदस्तु सुस्वरः।
धैर्यलय समर्थ च षडेते पाठका गुणाः।।

भगवती की आराधना विधि-विधान से करने का ज्ञान प्राप्त कराने के लिए ही यह संग्रह है। इसमें मूल पाठ को छोड़कर पूर्ण विधान दर्शाया है। मूल पाठ अनेक पुस्तकों में उपलब्ध है। जिज्ञासु-जन लाभ उठाएं। मैं अपना श्रम सार्थक मानूंगा।

१६/२० ए हाई कोर्ट कॉलोनी
जोधपुर (राज०)
फोन : २५६२५

पं० राधाकृष्ण श्रीमाली
एवं
कमल श्रीमाली

विषय-सूची

गणेश-पूजनम्

प्रातःकाल दैनिक कार्यों, स्नानादि से निवृत्त होकर सरिता (नदी); तालाब तपोभूमि या अन्यत्र शान्तिमय वातावरण में अपने घर के किसी स्थान में गणपित की पूजा करना उत्तम है। साधनाकाल में साधक का मुंह पूर्व दिशा की ओर होना चाहिए। **'पूर्वाभिमुखो देवीमुखो वा समुपविश्य सोपग्रह पाणिराचम्य'**। आसन कुशा या ऊन का हो तो उत्तम है। एक सुन्दर चौकी पर, लकड़ी के पट्टे पर श्वेत वस्त्र बिछाकर गणेशादि, कलश, नवग्रह षोडशमातकादि स्थापित करें। गणपति स्थान पर भव्य, सुन्दर, तेजोमय चित्र या गणेश की मूर्ति स्थापित कर लें। यदि प्रतिमा की स्थापना हो जाए तो और भी उत्तम व श्रेष्ठ है। यदि वह भी उपलब्ध न हो तो एक पात्र में चावल डालकर उस पर एक सुपारी को स्थापित कर लें। पूजन से पूर्व शुद्ध घी के दीपक की ज्योति और कर लें। घी का दीपक पूजन में सदैव दाहिनी ओर, तेल का दीपक बायीं ओर करें। निम्न मंत्र से दीपक, जो कर्म साक्षी है, का पूजन रोली (कुंकुम), अक्षत (चावल) पुष्प से कर लें—

'ॐ दीप ज्योतिषे नमः।'

फिर दीप शिखा में श्री गणेश की भावना करते हुए निम्न प्रार्थना करें—

भो दीप देवरूपस्त्वं सर्वसाक्षी ह्यविघ्नकृत।
यावत् कर्म समाप्तिः स्यात् तावत् त्वं सुस्थिरो भव।।

अब दाहिने हाथ में जल लेकर तीन बार आचमन कर हाथ धो लें। पूजा से पूर्व सामग्री तैयार रखें ताकि बार-बार स्थान नहीं छोड़ना पड़े। पंचपात्र, आचमनी, अर्घ्य, तिरबानी आदि।

निम्न मंत्र पढ़ते हुए तीन बार आचमन करें—

ॐ केशवाय नमः।
ॐ नारायणाय नमः।
ॐ माधवाय नमः।

अब निम्न मंत्र उच्चारण करते हुए हाथ धो लें—

ॐ हृषीकेशाय नमः।

पवित्री धारण

निम्न मंत्रों का पाठ करते हुए दाहिने हाथ में कुशा की पवित्री (अंगूठी बनाकर) धारण करें।

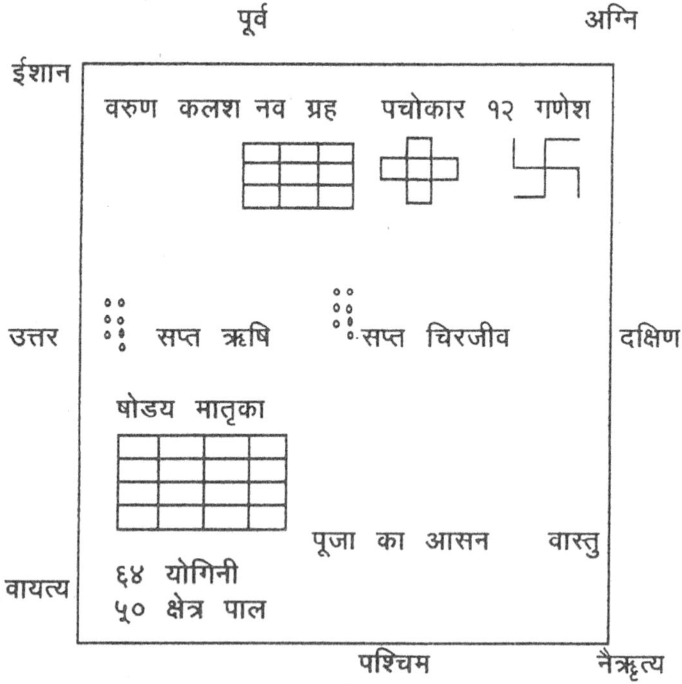

अष्ट दल

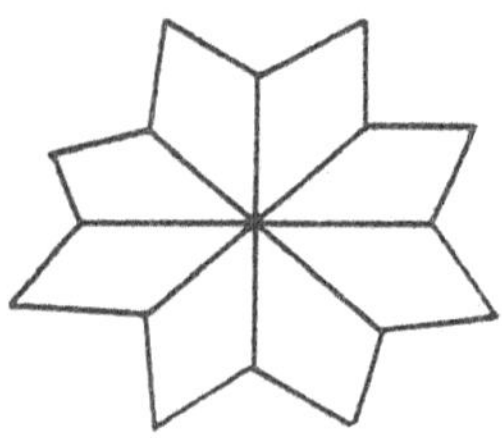

ॐ पवित्रेस्थो वैष्णव्यो सवितुर्वा प्रसव।
उत्पुनाम्यच्छिद्रेण पवित्रेण सूर्यस्य रश्मिभिः।।
तस्यते पवित्रपते पवित्र पूतस्य यत्कामः पुनेतच्छकेयम्।

पूजा घर के ईशान (उत्तर-पूर्व) कोण में पूजा-स्थान को गोबर से लीप लें यदि पक्का मकान हो जो धोकर पोछा लगा दें। वहां बिंदु, त्रिकोण, षट्कोण, अष्टदल कुछ भी बना लें। उस पर शुभ तीर्थ मिट्टी आदि से वेदी बनाएं व जौ बोएं— उसके पास लकड़ी का पट्टा बिछा सफेद वस्त्र बिछाकर गणपति स्थापन करें, फिर कलश स्थापित करें।

पवित्रीकरण

तीन बार प्राणायाम करके निम्न मंत्रों का उच्चारण करते हुए एकत्र की हुई सामग्री व अपने शरीर पर इस भावना से जल छिड़कें कि पूजा सामग्री और हमारा बाह्य व आन्तरिक शरीर पवित्र हो रहा है। बाएं हाथ मे जल लेकर दाहिने हाथ से जल छिड़कें—

ॐ अपवित्रः पवित्रो वा सर्वावस्थां गतोऽपिवा।
यः स्मरेत्पुण्डरीकाक्षं स बाह्याभ्यन्तरे शुचिः।।

हाथ धो लें—

ॐ अपसर्पन्तु ते भूता ये भूता भुवि संस्थिता।
ये भूता विघ्नकर्तारस्ते नश्यन्तु शिवाज्ञया।।

इसे पढ़ते हुए चारों दिशाओं में व पूजन सामग्री पर जल छिड़कें।

अब देवों का आवाहन करें।

ॐ आनो भद्रा क्रतवो यन्तु विश्वतोऽब्धासो अपरीतास उद्भिदः।
देवानो यथा सदमिद् वृधे असन्न प्रायुवो रक्षितारो दिवे दिवे।।
देवानां भद्रा सुमतिर्ऋजूयतां देवानाम् राति रभिनोनिवर्तताम्।
देवानां सख्यमुपसेदिमा वयं देवा न आयुः प्रतिरन्तु जीवसे।।
तान् पूर्वया निविदा हूमहे वयं भगं मित्रमदितिदक्षमस्यिधम्।
अर्यमणं वरुण सोममश्विना सरस्वती नः सुभगा मयस्करत्।।
तन्नो वातो मयो भुवति तु भेषजं तन्माता पृथिवी तत्पिताद्यौः।
तद् ग्रावाणः सोम सुतो मयो भुवस्तदश्विना श्रृणुत् धृतष्णया युवम्।।

तमीशानं जगतस्तुस्थुषस्पति धियं जिन्वमसे हूमहे वयम्।
पूषानो यथा वेदसामसद् वृधे रक्षितापायुरदब्धः स्वस्तये।।

(अब ब्राह्मण यजमान के निम्न मंत्र पढ़ते हुए तिलक करें या साधक स्वयं कार्यकर्ता हो तो स्वयं अपने तिलक करें।)

स्वस्ति न इन्द्रो वृद्धश्रवाः स्वस्तिनः पूषा विश्ववेदाः।
स्वस्ति नस्तार्क्ष्यो अरिष्टनेमिः स्वस्ति नो बृहस्पतिर्दधातु।।
पृषदश्वा मरुतः पृश्निमातरः शुभञ्ज्यामानो विथेषु जग्मयः।
अग्निर्जिह्वा मनवः सूरचक्षसो विश्वे नो देवा अवसागमन्निह।।
भद्रं कर्णेभिः श्रृणुयाम देवा भद्रं पश्येमाक्षभिर्यजत्रा।
स्थिरैरंगै स्तुष्टवा ‌ꣳ सस्तनुभिर्व्यशेमहि देवहितं यदायुः।
शतभिन्नु शरदो अन्तिदेवायत्रानश्चक्रा जरसन्तनूनाम्।।
पुत्रोसोयत्र पितरो भवन्ति मा नो मध्या रीरिषतायुं गन्तो
अदितिर्द्यौरदितिरन्तरिक्ष ‌ꣳ अदितिर्माता स पिता स पुत्रः।
विश्वेदेवा अदितिः पंचजना अदितिर्जाति मदितिर्जनित्वम्

ॐ द्यौः शान्तिरन्तरिक्ष ‌ꣳ शान्तिः पृथिवी शान्तिरापः शान्तिरोषधयः शान्तिः वनस्पतयः शान्तिर्विश्वेदेवाः शान्तिर्ब्रह्म शान्तिः सर्व ‌ꣳ शान्ति शान्तिरेव शान्तिः सा मा शान्तिरेधि।

यतो यतः समीहसे ततो नो अभयं कुरु।
श नः कुरु प्रजाभ्योऽभयं न पशुभ्यः।।

गणपित ध्यान

ॐ सुमुखश्चैक दन्तश्च कपिलो गज कर्णकः।
लम्बोदरश्च विकटो विघ्ननाशो विनायकः।।
धूम्रकेतुर्गणाध्यक्षो भालचंदो गजाननः।
द्वादशैतानि नामानि यः पठेच्छृणुयादपि।।
विद्यारम्भे विवाहे च प्रवेशे निर्गमे तथा।
संग्रामे संकटे चैव विघ्नस्तस्य न जायते।।
शुक्लांबर धरं देवं शशिवर्णं चतुर्भुजम्।
प्रसन्न वदनं ध्यायेत् सर्व विघ्नोपशान्तये
अभीप्सितार्थसिध्यर्थं पूजितो यः सुरासुरैः।
सर्व विघ्नच्छिदे तस्मै गणाधिपतये नमः
सर्व मंगल मंगल्ये शिवे सर्वार्थ साधिके।

शरण्ये त्र्यम्बके गौरि नारायणि नमोस्तुते
सर्वदा सर्व कार्येषु नास्ति तेषाममङ्गलम्।
येषां हृदिस्थो भगवान् मंगलायस्तनो हरिः।।
तदैव लग्नं सुदिनं तदैव ताराबलं चंद्रबलं तदैव।
विद्याबलं दैवबलं तदैव लक्ष्मीपते तेऽङ्घ्रियुगं स्मरामि।।
लाभस्तेषां जयस्तेषां कुतस्तेषां पराजयः।
येषामिन्दीवरश्यामो हृदयस्थो जनार्दनः।।
यत्र योगेश्वरः कृष्णो यत्र प्राथों धनुर्धरः।
तत्र श्रीर्विजयोभूर्तिध्रुवानीतिर्मतिर्मम।।
अनन्याश्चिन्तयन्तो मां ये जनाः पर्युपासते।
तेषां नित्याभियुक्तानां योगक्षेमं वहाम्यहम्।।
स्मृते सकल कल्याणभाजनं यत्र जायते।
पुरुषं तमजं नित्यं व्रजामि शरणं हरिम्।।
सर्वेष्वारम्भ कार्येषु त्रायस्थिभुवनेश्वराः।
देवा विशन्तु नः सिद्धि ब्रह्मेशान जनार्दनाः।।
विनायकं गुरुं भानुं ब्रह्मविष्णु महेश्वरान्।
सरस्वती प्रणम्यादौ सर्व सिद्धार्थ सिद्धये।।

ॐ लक्ष्मीनारायणाभ्यां नमः।
ॐ उमामहेश्वराभ्यां नमः।
ॐ वाणीहिरण्यगर्भाभ्यां नमः।
ॐ शचीपुरन्दराभ्यां नमः।
ॐ मातृपितृभ्यां चरणकमलेभ्यो नमो नमः।
ॐ इष्टदेवताभ्यां नमः। ॐ कुलदेवताभ्यां नमः।
ॐ ग्रामदेवताभ्यां नमः। ॐ स्थानदेवताभ्यां नमः।
ॐ वास्तुदेवताभ्यां नमः। ॐ सर्वेभ्यो देवेभ्यो नमः।
ॐ सर्वेभ्यो वेदेभ्यो नमः। ॐ सर्वेभ्यो ब्राह्मणेभ्यो नमः।

संकल्प

दाहिने हाथ में जल, दूब, अक्षत, पुष्प, आदि लेकर निम्न संकल्प पढ़ें—

ॐ स्वस्ति श्री मुकुन्दसच्चिदानन्दस्य ब्रह्मोऽनिर्वाच्य माया शक्ति विजृम्भिता विद्यायोगात्काल कर्मस्वभाविर्भूत महत्तत्वोदिताहङ्करोद्भूत

वियदादि पञ्च महाभूतेन्द्रिय देवता निर्मितेऽण्डकरोह चतुर्दश लोकात्मैक लीलया तन्मध्यवर्ति भगवतः श्री नारायणस्य नाभिकमलोद्भूत संकल लोक पितामहस्य ब्रह्मणः सृष्टि कुर्वतस्तदुदूरणाय प्रजापति प्रार्थितस्य समस्त जगदुत्पत्तिस्थितिलय कारणस्य जगद्रक्षाशिक्षा विचक्षणस्य प्रणत पारिजातस्य अच्युतानन्द वीर्यस्य श्रीमद्भगवतो महापुरुषस्य अचिन्त्या परिमितशक्त्या ध्येयमानस्य महाजलौघमध्ये परिभ्रमणानामनेक कोटि ब्रह्माण्डानामेकतमेऽव्यक्तमहदहङ्कार पृथिव्यप्ते जो वायवाकाशाद्यावरणैरावृते अस्मिन्नहति ब्रह्माण्ड खण्डे आधार शक्ति श्री महादिवाराहर्दष्ट्राग्रविराजितेकूर्मानन्त वासुकितक्षक कुलिक कर्कोटक पद्ममहापद्म शंखाद्यष्ट महानागेध्रियमाणे ऐरावत पुण्डरीक वामन कुमुदाज्जन पुष्पदन्त सार्वभौम सुप्रतीकाष्ट दिग्गज प्रतिष्ठितानां अतल-वितल सुतल तलातल रसातल महातल पाताल लोकानां उपरिभागे भूर्लोक-स्वर्लोक महर्लोकजनोलोक तपोलोक सत्यलोकाख्य सप्तलोका नामधो भागे चक्रवाल शैल स्यहावलय नाग मध्यवर्तिनो महाकाल महाफणिराज शेषस्य सहस्त्र फणानां मणिमण्डल मण्डितेदिऽदन्तिशुण्डोत्ताभिवे अमरावत्य शोकवती भोगवती सिद्धवती गांधर्ववती काञ्च्यवन्त्यलंकावती यशोवतीति पुण्यपुरी प्रतिष्ठिते इन्द्राग्नियम निर्वृत्ति वरुण वायु कुबेर शानाष्ट दिग्पाल प्रतिष्ठिते वर ध्रुवाधर सोमपाप्रभञ्जनानल प्रत्यूना प्रभासाख्याष्टव सुमिर्विराजति हरत्र्यम्बक रुद्र मृगव्याधा पराजित कपाली भैरव शंभु कपर्दिवृषाकपि बटुरूपाख्यैकादशरुद्रैः संशोभिते रुद्रोपेन्द्र सवितृधातृत्वष्ट्यर्थमेन्द्र शानभग मित्र पूषाख्य द्वादशादित्य प्रकाशिते यम नियमासन प्राणायाम प्रत्याहार धारणा ध्यान समाध्यष्टाङ्ग निरत वशिष्ठ, बालखिल्य विश्वामित्र दक्ष कात्यायन कौणिका गौतमाङ्गिरस पाराशर्य व्यास वाल्मीकि शुक्र शौनक भरद्वाज सनक सनन्दन सनातन सनत्कुमार नारदादि मुख्य मुनिभिः पवित्रिते लोकालोकाचलवलयिते लवणेक्षुरस सुरासर्पिर्दधिक्षीरोदक युक्त सप्तार्णव परिवृतें जम्बूप्लक्षशाल्मलि कुश क्रौंच शाक पुष्कराख्य सप्तद्वीप युते इन्द्र कांस्य ताम्र गभस्ति नाग सौम्य गन्धर्व चारण भारतेति नव खण्ड मण्डिते स्वर्णगिरि कर्णिकोपेत महासरोरुहाकार पञ्चाशत्कोटि योजन विस्तीर्ण भूमण्डले अयोध्या मथुरा माया काशी काञ्च्यवन्तिका द्वारावतीति सप्तपुरी प्रतिष्ठिते महायुक्ति प्रदस्थले आर्यावर्तान्तर्गत

ब्रह्मा वर्तैकदेशे ब्रह्मणो द्वितीय परार्धे श्रीश्वेत वाराहकल्पे जम्बूद्वीपे भरत खण्डे आर्यावर्तैकदेशांतर्गते पुण्यक्षेत्रे कलियुगे कलिप्रथम चरणे अमुक संवत्सरे (संवत्सर नाम) अमुक मांसे (मास का नाम) अकुम पक्षे (पक्ष का नाम) अमुक तिथौ (तिथि का नाम) अमुक वासरे (वार का नाम) अमुक नक्षत्रे (नक्षत्र का नाम) अमुक गोत्रोत्पन्न (गोत्र उच्चारण) शर्म्माहं। वर्म्माहं। गुप्तस्य। दासस्य मम दशाविदि आन्तर्दशामध्ये योऽनिष्टफलकारको ग्रहस्तज्जनिताखिलाधिव्याधि झटिति प्रशमन पूर्वकं दीर्घायुष्य बल पुष्टिनैरुज्यादि सकलाभीष्ट सिद्धयर्थ श्री अमुक ग्रह परम प्रसन्नार्थ अमुक ग्रह जपमहं करिष्ये। श्री गणपति देवी पूजनमहं करिष्ये।

ध्यान

ॐ गणानांत्वा गणपति ॐ हवामहे प्रियाणांत्वा प्रियपति ॐ हवामहे निधीनान्त्वा निधिपति ॐ हवामहे वसो मम। आहमजानिगर्भधमात्वमजासि गर्भधम्।

हे हेरम्ब त्वमेह्येहि ह्यम्बिका त्र्यम्बकात्मज।
सिद्धि बुद्धिपते त्र्यक्ष लक्षलाभ पितुः पितः।।
नागस्य नागाहारत्वां गणराज्यं चतुर्भुजं।
भूषितं स्वायुधैर्दिव्यैः पाशांकुश परश्वधै।।
आवाहयामि पूजार्थं रक्षार्थं च मम क्रतोः।
इहागत्य गृहाण त्वं पूजा यागं च रक्ष मे।।

ॐ भूर्भुवः स्वः सिद्धि बुद्धि सहिताय गं गणपतये नमः। गणपति-मावाहयामि स्थापयामि।

प्रतिष्ठापन

ॐ मनो जूतिर्जुषतामज्यस्व बृहस्पतिर्यज्ञमिमं त्वनोत्वरिष्टं यज्ञ ॐ समिमं दधातु। विश्वेदेवास इहमाज्यन्तामो प्रतिष्ठ।

अस्यै प्राणा, प्रतिष्ठन्तु अस्यै प्राणाः क्षरन्तु च।
अस्यै देवत्वमर्चायै मामहैति च कश्चन।

ॐ सिद्धि बुद्धि सहिताय गणपतये सुप्रतिष्ठतो वरदो भव।

आसन (आसन दें)

विचित्र रत्न खचितं दिव्यास्तरण संयुतम्।

स्वर्ण सिंहासनं चारु गृहणीष्व सुर पूजित।।
ॐ पुरुष एवेद ७ सर्व यद्भूतं यच्च भाव्यम्।
उतामृतत्वस्येशानो यदन्नेनाति रोहति।।
ॐ सिद्धि बुद्धि सहिताय महागणपतये नमः, पुष्पासनं समर्पयामि।

पाद्यं (चरणों में जल चढ़ाना)

ॐ सर्व तीर्थ समुद्भूतं पाद्यं गन्धादिभिर्युतम्।
विघ्न राज गृहाणेदं भगवन् भक्तवत्सल।।
ॐ एतावानस्य महिमातो ज्यायांश्च पुरुष।
पादोस्य विश्वा भूतानि त्रिपादस्यामृतं दिवि।।
ॐ सिद्धि बुद्धि सहिताय महा गणपतये नमः, पादयोर्पाद्यं समर्पयामि।

अर्घ्य (आचमनी में जल, पुष्प, रोली लेकर चढ़ायें)

ॐ गणाध्यक्ष नमस्तेऽस्तु गृहाण करुणाकर।
अर्घ्यं च फल संयुक्तं गन्धमाल्याक्षतैर्युतम्।।
ॐ त्रिपादूर्घ्व उदैत्पुरुषः पादाऽस्येहा भवत् पुनः।
ततो विष्वङ् व्यक्रामत्साशनानशने अभि।।
ॐ सिद्धि बुद्धि सहिताय महागणपतये नमः हस्तयोरर्घ्यं समर्पयामि।

आचमन् (आचमन दें)

विनायकं नमस्तुभ्यं त्रिदशैरभिवन्दित।
गंगोदकेन देवेश कुरुष्वाचमनं प्रभो।।
ॐ ततो विराडजायत व्विराजो अधि पुरुषः।
सजातो अत्यरिच्यत पश्चाद् भूमि मथोपुरः।
ॐ सिद्धि बुद्धि सहिताय महागणपतये नमः मुखे आचमनीयं समर्पयामि।

स्नान (स्नान)

मन्दाकिन्यास्तु यद्वारि सर्वपाप हरं शुभम्।
तदिदं कल्पितं देव स्नानार्थं प्रतिगृह्यताम्।।
ॐ तस्माद्यज्ञात्सर्वहुतः सम्भृतं पृषदाज्यम्।
पशूंस्ताश्चक्रे वायव्या नारण्या ग्राम्याश्चजे।।

ॐ सिद्धि बुद्धि सहिताय महागणपतये नमः, सर्वाङ्गे· स्नानं समर्पयामि।

दुग्ध स्नान (दूध का स्नान)

कामधेनु समुद्भूतं सर्वेषां जीवनं परम्।
पावनं यज्ञहेतुश्च पयः स्नानार्थमर्पितम्।।

ॐ पयः पृथिव्याम्पय ओषधीषु पयोर्दिव्यन्तरिक्षे पयोधाः पयस्वतीः प्रदिशः सन्तु मह्यम्।

ॐ सिद्धि बुद्धि सहिताय महागणपतये नमः। पयस्नान समर्पयामि।

पय स्नानान्ते शुद्धोदक स्नानं समर्पयामि।

दूध के स्नान के बाद शुद्ध स्नान कराएं।

दधि स्नानं (दही का स्नान)

पयमस्तु समुद्भूतं मधुशुक्लं शशि प्रभम्।
दध्यानीतं मयादेव स्नानार्थं प्रति गृह्यताम्।।

ॐ दधि क्राव्णो अकारिषं जिष्णोः रश्वस्य वाजिनः सुरभि नो मुखा करत् प्राण आयु ꣳ षि तारिषत।

ॐ सिद्धि बुद्धि सहिताय महागणपतये नमः। दधि स्नानं समर्पयामि।

दधि स्नानान्ते शुद्धोदक स्नानं समर्पयामि।

दही के स्नान के बाद शुद्ध स्नान कराएं।

घृत स्नानं (घी का स्नान)

नवनीतं समुत्पन्नं सर्व सन्तोषकारकम्।
घृतं तुभ्यं प्रदास्यामि स्नानार्थं प्रति गृह्यताम्
ॐ घृतं मिमिक्षे घृतमस्य योर्निधत्ते श्रितो घृतम्बस्य धाम।
अनुष्वधमा वह सादयस्व स्वाहाकृतं वृषभवक्षि हव्यम्।।

ॐ सिद्धि बुद्धि सहिताय महागणपतये नमः। घृत स्नानं समर्पयामि।

घृत स्नानान्ते शुद्धोदक स्नानं समर्पयामि।

घी के स्नान के बाद शुद्ध स्नान कराएं।

मधु स्नानं (शहद का स्नान)

पुष्परसेषु समुद्भूतं सुस्वाद मधुरं मधु।
तेजः पुष्टिकरं दिव्यं स्नानार्थं प्रतिगृह्यताम्।।

ॐ मधुवाता कृतायने मधु क्षरन्ति सिन्धवः। माध्वीर्नः सन्त्वोषधीः।
मधु नक्तमुतोषसो मधुमत् पार्थिव ꣳ रजः।
मधु द्यौरस्तु नः पिता।
मधु मान्नो वनस्पतिर्मेधुमांꣳअस्तु सूर्यः।
माध्वीर्गावो भवन्तु न।

ॐ सिद्धि बुद्धि सहिताय महागणपतये नमः। मधु स्नानं समर्पयामि। मधु स्नानान्ते शुद्धोदक स्नानं समर्पयामि।

फिर शुद्ध स्नान कराएं।

शर्करा स्नान

इक्षुरस समुद्भूता शर्करा पुष्टिदा शुभा।
मलापहारिका दिव्या स्नानार्थं प्रतिगृह्यताम्।।

ॐ अपा रस मुद्वरास ꣳ सूर्य सन्त समाहितम्। अपा ꣳ रसस्य यो रसस्तं वो गृहणाम्युत्तसमुदाय गृहीतोऽसीन्द्रांयत्वा जुष्टं गृहणाम्येष ते योनिरिन्द्राय त्वा जुष्टतमम्।

ॐ सिद्धि बुद्धि सहिताय महागणपतये नमः। शर्करा स्नानं समर्पयामि।

ॐ शर्करा स्नानान्ते शुद्धोदक स्नानं समर्पयामि।

फिर शुद्ध स्नान कराएं।

पंचामृत स्नान

पञ्चामृतं मयाऽऽनीतं पयोदधि घृतं मधु।
र्शकरा च समायुक्तं स्नानार्थं प्रति गृह्यताम्।।
ॐ पंचनद्यः सरस्वतीमपि यान्ति सहस्त्रस्त्रोतसः।
सरस्वती तु पञ्च धासे देशे भवत् सरित्।।

ॐ सिद्धि बुद्धि सहिताय महागणपतये नमः। पंचामृत स्नानं समर्पयामि। पंचामृत स्नानान्ते शुद्धोदक स्नानं समर्पयामि।

फिर शुद्ध स्नान कराएं।

तैल अर्पण (तेल चढ़ाएं)

चम्पा शोक बकुल मालती मोगरादिभिः।
वासितं स्निग्धता हेतु तैलं चारु प्रगृह्यताम्।।

ॐ सिद्धि बुद्धि सहिताय महागणाधिपतये नमः। सुवासित तैलं समर्पयामि।

शुद्ध जल स्नान

गंगा च यमुना चैव गोदावरी सरस्वती।
नर्मदा सिंधु कावेरी स्नानार्थं प्रति गृह्यताम्।।

ॐ आपो हिष्ठा मयो भुवस्ता न ऊर्जे दधातन। महेरणाय चक्षसे।

ॐ सिद्धि बुद्धि सहिताय महागणपतये नमः, शुद्धोदक स्नानं समर्पयापि।

वस्त्र (वस्त्र चढ़ाएं)

शीत वातोष्ठा संत्राणं लज्जाया रक्षणं परम्।
देहालंकरणं वस्त्रमतः शान्तिर्प्रयच्छ मे।।

ॐ युवा सुवासाः परिवाति आगात् स उश्रेयान् भावती याजमानः तं धीरासः कवच उन्नयन्ति स्वाध्योद् मनसा देवयन्तः।।

सिद्धि बुद्धि सहिताय महागणपतये नमः, वस्त्रं समर्पयामि।

सिद्धि बुद्धि सहिताय महागणपतये नमः, आचमनं समर्पयामि।

आचमन दें।

उत्तरीय

ऊपर शाल की तरह ओढ़ा जाने वाला वस्त्र उत्तरीय कहा जाता है। यहां पर इस तरह का कोई वस्त्र चढ़ाएं।

उत्तरीय तथा देव नाना विचित्रमुत्तमम्।
गृहाणेदं मया भक्त्या दत्तं सफली कुरु।।
ॐ सुजातो ज्योतिष सहसमं वरुथमाऽसदत्वस।
वासों अग्ने विश्वरूप ७ संघ्ययस्व विभावसी।।

ॐ सिद्धि बुद्धि सहिताय महागणपतये नमः, उपवस्त्रं समर्पयामि। तन्दते आचमनीयं समर्पयामि।

अलंकरणं

अलंकरण आभूषण या गहनों को कहा जाता है। इसके लिए यहां अक्षत चढ़ाए जाते हैं।

ॐ सिद्धि बुद्धि सहिताय महागणपतये नमः, अलंकरणार्थमक्षतान् समर्पयामि।

यज्ञोपवीत (जनेऊ चढ़ाकर फिर आचमन दें)

नवभिस्तन्तुभिर्युक्तं त्रिगुणं देवतामयम्।
उपवीत मया दत्तं गृहाण परमेश्वर।।
ॐ यज्ञोपवीतं परमं पवित्रं प्रजापतिर्यत्सहजं पुरस्तात्।
आयुष्यमग्र्यं प्रतिमुञ्च शुभ्रं यज्ञोपवीतं बलमस्तु तेजः।।

ॐ सिद्धि बुद्धि सहिताय महागणपतये नमः, यज्ञोपवीतं समर्पयामि। पुनः आचमनीयं समर्पयामि।

गंध (केशर, हल्दी, रोली चढ़ाएं)

श्री खण्ड चन्दनं दिव्यं गन्धाढ्यं सुमनोहरम्।
विलेपनं सुर श्रेष्ठ चन्दनं प्रतिगृह्यताम्।।
ॐ त्वां गन्धर्वा अयनस्त्वमिन्द्रस्त्वां बृहस्पतिः।
त्वामोषधे सोमो राजा विद्वन्वक्षमादनुच्यत।।

ॐ सिद्धि बुद्धि सहिताय महागणपतये नमः, गन्धं समर्पयामि।

अक्षत (अक्षत चढ़ाएं)

अक्षताश्च सुर श्रेष्ठ कंकुमोक्ताः सुशोभिताः।
मया निवेदिता भक्त्या गृहाण परमेश्वर।
ॐ अक्षान्न मीमदन्तः ह्यवप्रिया अधूषत।।
अस्तोषत स्वमानके प्रिया न विव्यामती योजान्विन्द्रते हरिः।

ॐ सिद्धि बुद्धि सहिताय महागणपतये नमः। अक्षतान् समर्पयामि

पुष्पमाला

माल्यादीनि सुगन्धीनि माल्यादीनि वै प्रभो।
मया हृतानि पुष्पाणि गृह्यतां पूजनाय भो।।
ॐ ओषधिः प्रीतमोदध्व पुष्पवतीः प्रसूवरीः।
अश्वादव सजित्वरीर्वीरुधः पारयिष्णवः।।

ॐ सिद्धि बुद्धि सहिताय महागणपतये नमः पुष्पमालां समर्पयामि।

मन्दार पुष्प (आक पुष्प)

वन्दा रुजन मन्दार मन्दार प्रिये धीपते।
मन्दार जानि पुष्पाणि श्वेतार्कादीन्युपेहि भोः।।

ॐ सिद्धि बुद्धि सहिताय महागणपतये नमः, मन्दार पुण्पाणि समर्पयामि।

शमीपत्र

त्वत्प्रियाणि सुपुष्पाणि कोमलानि शुभानि वै।
शमीदलानि हेरम्ब गृहाण गणनायक।।

ॐ य इन्द्राय वचीभजा ततक्षुर्मसाहरी, शमी निर्झरमाशत।

ॐ सिद्धि बुद्धि सहिताय महागणपतये नमः, शमी पत्राणि समर्पयामि।

दूर्वा (दूब चढ़ाना)

दूर्वाङ् कुरान् सुहृतितामम‍ृतान् मंगलप्रदान्।
आनीतास्तव पूजार्थं गृहाण गणनायक।।
ॐ काण्डात् काण्डात् प्ररोहन्ती पुरुषः परुषस्परि।
एवानो दूर्वे प्रतनु सहस्त्रेणशतेन च।।

ॐ सिद्धि बुद्धि सहिताय महागणपतये नमः, दूर्वांकुरान् समर्पयामि।।

सिन्दूर

सिन्दूरं शोभनं रक्तं सौभाग्यं सुखवर्धनम्।
शुभदं कामदं चैव सिन्दूरं प्रति गृह्यतताम्।।
ॐ सिन्धोरिव प्राध्वने शूधनासो वातप्रमियः पतयन्ति यह्वाः।
घृतस्य धारा सुरुषो न वाजी काष्ठा मिन्दग्नूर्मिभिः पिन्वमान्।

ॐ सिद्धि बुद्धि सहिताय महागणपतये नमः, सिंदूरं समर्पयामि

अबीर-गुलाल

नाना परिमलैर्द्रव्यै निर्मितं चूर्णमुत्तमम्।
अबीर नामकं चूर्णं गन्धाढ्यं चारु गृह्यताम्।।

ॐ अहिरव भोगैः पर्यैति बाहुं ज्याया हेतिं परिबाधमानः।

हस्तघ्नो विश्वा वयुनानि विद्वान् पुमान् पुमा ‍ऽऽपरिपासि विश्वतः।

ॐ सिद्धि बुद्धि सहिताय महागणपतये नमः, नाना परिमल द्रव्याणि समर्पयामि।

धूप

वनस्पतिरसोद्‌भूतो गन्धाढ्यो गन्धमुत्तमम्।
आघ्रेण सर्वदेवानां धूपोऽयं प्रति गृह्यताम्।।

ॐ धूरसि धूर्व धूर्वन्त धूर्व त्वं योऽस्मान्धूर्वति तं धूर्वयं धूर्व धूर्वाभिः।

देवानामसि वह्नितम ऽऽ समिन्नमं पमतियं जुष्टतमे देव हुतम्

ॐ सिद्धि बुद्धि सहिताय महागणपतये नमः, धूपमाघ्रापयामि।।

दीप दर्शनं

साज्यं च वर्ति संयुक्तं वह्निना योजितं मया।
दीपं गृहाण देवेश त्रैलोक्यमित्रतिरिभा पदम्।।
भक्त्यां दीपं प्रयच्छामि देवाय परमात्मने।
त्राहि मां निरयाद् धोराद्दीप ज्योतिर्नमोस्तुते।।

ॐ अग्नि ज्योति ज्योतिरग्नि स्वाहा, सूर्यो ज्योतिर्ज्योतिः सूर्यः स्वाहा। अग्निर्वचो ज्योतिर्वचः स्वाहा। सूर्यो, सूर्यो ज्योतिर्ज्योतिर्वचः स्वाहा ज्योतिः सूर्य सूर्यो ज्योतिः स्वाहा।

ॐ सिद्धि बुद्धि सहिताय महागणपतये नमः, दीपं दर्शयामि।

नैवेद्य

नैवेद्यं गृह्यताम् देव भक्तिं में ह्यचलां कुरु।
ईप्सितं में वरं देहि परत्र च परां गतिम्।।
शर्करा खंड खाद्यानि दधिक्षीर घृतानि च।
आहारं भक्ष्य भोज्यं च नैवेद्यं प्रति गृह्यताम्।।
ॐ नाभ्या आसीदन्तरिक्षं शीर्ष्णो द्यौः समवर्तत्।
पद्भ्यां भूमिर्दिशः श्रोतां तथा लोकां अकल्पयन्।
ॐ प्राणाय स्वाहा।
ॐ अपानाय स्वाहा।
ॐ समानाय स्वाहा।

ॐ उदानाय स्वाहा।

ॐ व्यानाय स्वाहा।

ॐ सिद्धि बुद्धि सहिताय महागणतये नमः आचमनीयं नैवेद्यं मोकमय ऋतु फलानि च समर्पयामि।

ॐ सिद्धि बुद्धि सहिताय महागणतये नमः आचमनीयं मध्ये पानीयं उत्तरापोशनं च समर्पयामि।

चन्दन

ॐ चन्दनं मलयोद्भूतं कस्तुर्यादिसमन्वितम्।
करोद्वर्तनेकं देव गृहाण परमेश्वर।।
ॐ अ ꣳ सुनोत अ ꣳ शुः पृच्यता पुरुषा परुः।
गन्धस्ते सोम भवतु मदाय रसोअच्युतः।

ॐ सिद्धि बुद्धि सहिताय महागणपतये नमः चन्दनेन करोद्वर्तेनः समर्पयामि।

पूंगीफल-ताम्बूल (पान चढ़ाना)

ॐ पूंगीफलं महादिव्यं नाग बल्लीदलैर्युतम्।।
एलाचूर्णादि संयुक्तं ताम्बूलं प्रतिगृह्यताम्।।
ॐ यत्पुरुषेण हविषा देवा यज्ञमतन्वन।।
वसन्तोऽस्यासीदाज्यं ग्रीष्म इध्मः शरद्धविः।।

ॐ सिद्धि बुद्धि सहिताय महागणपतये नमः मुखवासार्थ मेलापुंगी फलादि सहितं ताम्बूलं समर्पयामि।।

नारिकेल फल (नारियल चढ़ाना)

इदं फलं मयादेव स्थापितं पुरतस्तव।।
तेन सफलावाप्तिर्भवेज्जन्मनि जन्मनि।।
ॐ याः फनिनीर्जा अफला अपुष्पा याश्च पुष्पिणी।।
बृहस्पति प्रसूतास्ता ना मुञ्चन्त्व ꣳ हसः।।

ॐ सिद्धि बुद्धि सहिताय महागणपतये नमः नारिकेल फलं समर्पयामि।।

दक्षिणा

हिरण्यगर्भ गर्भस्थं हेम बीजं विभावसो।

अनन्त पुण्य फलदमतः शान्ति प्रयच्छ मे।।

ॐ हिरण्य गर्भः समवर्तताग्रे भूतस्य जातः पतिरेक आसीत्। स दाधार पृथिवीं द्यामुते मां कस्मै देवाय हविषा दिधेन।।

ॐ सिद्धि बुद्धि सहिताय महागणपतये नमः कृतायाः पूजाया सांद्रव्यार्थं द्रव्य दक्षिणां समर्पयामि।

आरती

कदली गर्भ सम्भूतं कर्पूरं तु प्रदीपितम्।
आरार्तिकमहं कुर्वे पश्य मे वरदो भवः।।

ॐ इदं हवि प्रजननं में अस्तु, दशवीर ७ सर्व ७ स्वस्तये आत्म सनि प्रजासनि पशुसनि लोकसन्यभयसनि। अग्निः प्रजां बहुला म करोत्वन्नं पयो रेतो अस्मासु धत्त।।

आ रात्रि पार्थिवं रजः पितुरप्रामि धामाभिः।
देव सदांसिबृहत्तीं तिष्ठस सा त्वेषं वर्तते तमः।।

ॐ सिद्धि बुद्धि सहिताय महागणपतये नमः कर्पूर नीराजनं समर्पयामि।।

पुष्पाञ्जलि

नाना सुगन्धि पुष्पाणि यथा कालोद्भवानि च।
पुष्पांजलिर्मयानीता गृहाण परमेश्वर।।
ॐ यज्ञेन यज्ञमयजन्त देवास्तानि धर्माणि प्रथमान्यसन्।
तेहनाकं महिमानः सचन्त यत्र पूर्वे साध्याः सन्ति देवा।।

ॐ गणाणन्त्वा गणपति ७ हवामहे प्रियाणान्त्वा प्रियपति ७ हवा महे निधीनांत्वा निधिपति ७ हवा महे वसो मम। आहमजानि गर्भधमा त्वमजासि गर्भधम्।।

ॐ अम्बे अम्बिकेऽम्बालिके न मा नयति कश्चन्। ससरस्त्यश्वकः सुभद्रिकां काम्पील वासिनीम्

ॐ राजा धिराजय प्रसह्य साहिनेनमो वयं वैश्रवणाय कुर्महे।
समेकामान् काम कामाय मह्य कामेश्वरी वंश्रवणो ददातु।
कुबेराय वैश्रवणाय महाराजाय नमः।

ॐ स्वस्ति साम्राज्यं भोज्यं स्वराज्यं वैराज्यं पारमेष्ठ्यं राज्यं महाराज्य-माधिपत्य मयं समन्त पर्यायी स्यात् सार्वभौमः सार्वायुवान्तादा

पराघति पृथिव्यै समुद्र पर्यन्ताया एकाराडिति तदप्येष श्लोकोऽभिगितो मरुतः परिवेष्टारो मरुतस्यावसन् गृहे। आवीक्षितस्य कामप्रेर्विश्वेदेवा, सभासद्इति।

ॐ विश्वतश्चक्षुरुत विश्वतोमुखो विश्वतो बाहुरत वितस्यात्। समबाहुभ्यां धमति सम्पतत्रेर्द्यावाभूमि यजयन् एकः।। सिद्धि बुद्धि सहिताये महागणपतये नमः। मन्त्र पुष्पांजलि समर्पयामि।।

प्रदक्षिणा

यानि कानि च पापानि ज्ञाताज्ञात कृतानि च।
तानि सर्वानि नश्यन्ति प्रदक्षिणा पदे पदे।।

ॐ मे तीर्थानि प्रचरन्ति सृकाहस्ता निर्षाङ्गणः तेषा ७ सहस्र योजनेऽव धन्वानि तन्मसि।।

ॐ सिद्धि बुद्धि सहिताय महागणपतये नमः प्रदक्षिणां समर्पयामि।।

विशेषार्घ्य

रक्ष रक्ष गणाध्यक्ष रक्ष त्रैलोक्य रक्षक।
भक्तानाऽभयं कर्ता त्राता भव भवार्णवात्।।
द्वैमातुर कृपासिन्धो षाण्मातुररराग्रज प्रभो।
वरदस्त्वं वरं देहि वांछितम् वांछितार्थद।।
अनेन सफलार्घ्येण सफलोऽस्तु सदा मम।।

सिद्धि बुद्धि सहिताय महागणपतये नमः विशेषार्घ्यं समर्पयामि।।

प्रार्थना

विघ्नेश्वराय वरदाय सुरप्रियाय।
लम्बोदराय सकलाय जगद्धिताय।।
नाना नगाय श्रुति यज्ञ विभूषिताय।
गौरी सुताय गणनाथ नमो नमस्ते।।
भक्तार्त्तिनाशन पराय गणेश्वराय।
सर्वेश्वराय शुभदाय सुरेश्वराय।।
विद्याधराय विकटाय च वामनाय।
भक्त प्रसन्न वरदाय नमो नमस्ते।।
नमस्ते ब्रह्म रूपाय विष्णु रूपाय ते नमः।
नमस्ते रुद्र रूपाय कटि रूपाय ते नमः।।

विश्व रूप स्वरूपाय नमस्ते ब्रह्मचारिणे।
भक्त प्रियाय देवाय नमस्तुभ्यं विनायका।।
लम्बोदर नमस्तुभ्यं सततं मोदक प्रिय।
कुरु मे देव सर्व कार्येषु सर्वदा।
त्वां विघ्न शत्रु दलनेति च सुन्दरेति।।
भक्त प्रियेति सुखदेति फल प्रदेति।
विद्या प्रदेत्य ध्यहरेति च ये स्तुवन्ति।
तेभ्यो गणेश वरदो भव नित्यमेव।।
गणेश पूजने कर्म यन्नूनमधिकं कृतम्।
तेन सर्वेण सर्वात्मा प्रसन्नोऽस्तु सदा मम।।

अनया पूजया सिद्ध बुद्धि सहितो महागणपतिः प्रीयतां न मम।

पंचोंकार पूजन

पूर्व में अक्षत हाथ में लेकर पंचोंकार का पूजन करें—

ॐ आब्रह्मन्ब्राह्मणो ब्रह्मवर्चसी जायतामाराष्ट्रे राजन्यः शरऽइषव्यो तिव्याधी महारथो जायतान्दोग्ध्री धेनुर्वोढानड्वा नाशुः सप्तिः पुरुन्धिर्योषा जिष्णुरथेष्ठाः सयेयोयुवास्य यजमानस्य वीरो जायता न्निकामे निकामे नः पर्जन्यो वर्षतु फलवत्योनऽओषधयः पच्यन्तां योगक्षेमो नः कल्पताम्।। ॐ भुर्भुवः स्वः पूर्वे ब्रह्मन् इहागच्छ इहतिष्ठ ब्रह्मणे नमः ब्रह्माणं आवाहयामि स्थापयामि नमः।। ॐ भूर्भुवः स्वः दक्षिणे गायत्रि इहागच्छ इहतिष्ठ गायत्र्यै नमः।। गायत्रीमावाहयामि स्थापयामि नमः ॐ भूर्भुवः स्वः पश्चिमे गोवर्द्धन इहागच्छ इहतिष्ठ गोवर्द्धनाय नमः गोवर्द्धनमावाहयामि स्थापयामि नमः ॐ भूर्भुवः स्वः उत्तरे पृथिवि इहागच्छ इहतिष्ठ पृथिव्यै नमः पृथिवीमावाहयामि स्थापयामि नमः ॐ भूर्भुवः स्वः मध्ये यज्ञपते इहागच्छ इहतिष्ठ यज्ञपतये नमः। यज्ञपति मावाहयामि स्थापयामि नमः इति प्रतिष्ठाप्य।।

अक्षत चढ़ा दें।

पूर्ववत् पाद्यादि से पूजन कराकर प्रार्थना—

ॐ ब्रह्मा देवी च गायत्री तथा गोवर्द्धनेश्वरः।
पृथिवी यज्ञपतिश्चैतान् पंचोङ्कारान्नमाम्यहम्।।

अनया पूजया सांगाः सपरिवाराः ब्रह्मादि पंचप्रणवाः प्रीणन्तु न मम।।

अत्रैव गणेश समीपे

इसके बाद अग्निकोण (दक्षिण-पर्व दिशायें) वक्र आदि बारह गणेशों की पूजा करें।

ॐ नमो गणेभ्यो गणपतिभ्यश्च वो नमो नमो व्रातेभ्यो व्रात पतिभ्यश्च वो नमो नमो गृत्सेभ्योगृत्सपतिभ्यश्च वो नमो नमो विरूपेभ्यो विश्वरूपेभ्यश्च वो नमो नमः ॐ भूर्भुवः स्वः वक्रादि द्वादशमूर्ति गणपा इहागच्छत इहतिष्ठत। वक्रादि द्वादश मूर्ति गणेभ्यो नमः। वक्रादि द्वादशमूर्ति गणपान् आवाहयामि स्थापयामि नमः।।

पाद्यादि से पूजन कर प्रार्थना करें–

ॐ नमो देव गणेशाय नमस्ते विघ्न नाशन।
नमो मूषकमारूढ़ शुमकर्त्रे नमो नमः।।
नमः कात्यायनी पुत्र नमः परशु पाणये।
रवेरुद्र यतेरूपं विद्या बुद्धि विचक्षण।।
देहि मे रूप सौभाग्यं देहि मे पुत्र सम्पदः।
इच्छा सिद्धि प्रदो देव यथोक्त भव मे सदा।।

अनया पूजया सांगाः सपरिवाराः वक्रादि द्वादश गणपा प्रीणन्तु न मम।।

नैऋत्य (दक्षिण पश्चिम दिशा) में वास्तु पूजा

ॐ वास्तोस्पते प्रतिजानीह यस्मान्स्वावेशो ऽ अनमीवो भवानः यत्वेमहे प्रतितन्नो युषस्वशन्नो भव द्विपदेशं चतुष्पदे।।

ॐ भूर्भुवः स्वः वास्तु पुरुष इहागच्छ इह तिष्ठ वास्तु पुरुषाय नमः वास्तु पुरुषमावाहयामि स्थापयामि नमः।

पाद्यादि से पूजन कर प्रार्थना करें–

नाग पृष्ठ समारूढं शूल हस्तं महाबलम्।
पाताल नायकंदेवं वास्तुदेवं नमाम्यहम्।।

अनया पूजया सांगः सपरिवारः वास्तुदेवः प्रीणन्तु न मम।।

वाव्य (उत्तर पश्चिम दिशाय में) में चौंसठ योगिनी पूजा

ॐ जातवेदसेसुनवामसो ममरातीयतोनिदहातिवेदः सनः पर्षदति दुर्गाणिविश्वानावेवसिन्धुन्दुरितात्यग्निः।।

ॐ भूर्भुवः स्वः दिव्यादि ६४ योगिन्य इहागच्छत इहतिष्ठत।।

दिव्यादि ६४ योगिनीभ्यो नमः।। दिव्यादि ६४ योगिनीः आवाहयामि स्थापयामि नमः।।
पाद्यादि से पूजन कर प्रार्थना करें—

ॐ जयादि सर्वा योगिन्यः दुर्गारूपाश्चताः स्मृता।
पूजयावलिदानेन संतुष्टास्संतु मे सदा।

अनया पूजया सांगाः सपरिवाराः दिव्यादि चतुष्षष्ठि योगिन्यः प्रीणन्तु न ममः।।

अथ वायव्य कोण में योगिना के समीप अजरादि

५० क्षेत्रपाल पूजन

ॐ अजारेपि शंगिला स्वावित्कुरु पिशंगिलाशस आस्कन्द मारेशसत्याहिपन्यांविसर्पति।।

ॐ भूर्भुवः स्वः अजरादि पंचशत्क्षेत्रपालइहागच्छत इह तिष्ठत अजरादि क्षेत्रेषेभ्यो नमः अजरादिक्षेत्रपान् आवाहयामि स्थापयामि नमः।।
पाद्यादि से पूजन कराकर प्रार्थना करें—

ॐ क्षेत्रपालानमस्यामि सर्वारिष्ट निषूदनन्।।
अस्य यागस्यसिद्ध्यर्थं पूजयाराधितान् मया।।

अनया पूजया सांगाः सपरिवाराः अजरादि पंचाशत क्षेत्रपाः प्रीणन्तु।।

उत्तर दिशा में अथ षोडश मातृका पूजन

ॐ गौरीर्मिमायसलिलानि तक्षत्केपदी द्विपदी सा चतुष्पदी अष्टा पदी नवपदी वभूकशी सहस्राक्षरा परमेव्योमन्।।
ॐ भूर्भुवः स्वः गौर्यादिषोडशमातर इहागच्छत इहतिष्ठत।।
गौर्यादि षोडश मातृभ्यो नमः।।
गौर्यादि मातृः आवाहयामि स्थापयामि नमः।।
पाद्यादि पूजनोपरान्त प्रार्थना

ॐ गौरी पद्मा शयी मेधा सांवित्री विजया जया।
देवसेना स्वधा स्वाहा मातरोलोक मातरः।।
ह्रष्टि पुष्टिस्तथा तुष्टिरात्मनः कुल देवता।।
गणेशेनाधिकाह्रयेता वृद्धौपूज्याश्चषोडश।।

अनया पूजया सांगाः सपरिवाराः गौर्यादि षोडश मातरः प्रीणन्तु न ममः।

अथ ईशान कोण (उत्तर पूर्व में) वरुण पूजन

ॐ इमम्मेवरुण श्रुधीहवमद्या च मृडय। त्वाम वस्युचाचके।।
ॐ भूर्भुवः स्वः वरुण इहागच्छ इहतिष्ठ वरुणाय नमः।।
वरुण मावाहयामि स्थापयामि नमः।
पाद्यादि पूजनोपरान्त प्रार्थना

ॐ नागपाश धरं देवं वरुणं नक्र वाहनम्।
शुद्ध स्फटिक संकाश प्राणरूपं नमाम्यहम्।।
पाश हस्तं च वरुणसर्णमां प्रतिमीश्वरम्।
आवाहयामि यज्ञेस्मिन्पूजेयं प्रतिगृह्यताम्।।

अनया पूजया सांगः सपरिवारः वरुण देवः प्रीणातु न मम

ईशान कोण में नौ ग्रहों की पूजा उनके आकार और स्थान

ईशाने मण्डलं कृत्वा गृहाणं स्पाजनं ततः।।
वृत्त मण्डलमादित्यमर्ध चंद्र निशाकरम।
त्रिकोणं मंगलं चैव बुधं च धनुषा कृतिम्।
गुरुमष्ट दलं प्रोक्तं चतुष्कोण च भार्गवम्।
नराकृति शनि विद्याद्राहु च मकराकृतिम्।
केतुं खड्ग समं ज्ञेयं ग्रह मण्डलके शुभं।

अथवा

वृत्त मण्डलमादित्यं चतुरस्यं निशाकरम्।
त्रिकोणं मंगलं चैव बुधे वै बाण सन्निधम्।।
गुरवे पट्टशिकारं पंचकोणं भृगुस्तथा।
मंदे च धनुषाकारं शूर्पाकारं तु राहवे।।
केतवे च ध्वजाकारं मण्डालि क्रमेण तु।
शुक्राणों प्रांमुखो ज्ञेयो शनिश्च उदंमुखौ।।
प्रत्यमुखौ शनि सोमौ शेषा दक्षिणतो मुखाः।
मध्ये तु भास्करं विद्याच्छनं पूर्व दक्षिणे।।
दक्षिणे लोहितं विद्याद्बुधं पूर्वोत्तरेण तु।
उत्तरेण गुरुं विद्यात्पूर्वेणैव तु भार्गवम्।।

पश्चिमे तु शनिं विद्याद्राहुं दक्षिण पश्चिमे।
पश्चिमोत्तरत केतुमित्येषा ग्रह सांस्थिताः।।
आदित्याभिमुखास्सर्वे साधिप्रत्यऽधिदेवताः।
अधिदेवता दक्षिणो वामे प्रत्यधिदेवताः।।
अरुणौ सूर्यभौमो च श्वेत शुक्रौ निशाकरौ।
हरित वर्णो बुधश्चैव पीतवर्णो गुरुस्तथा।
कृष्ण वर्णो शनि राहुकेतवस्तु तथैव च।

ततः पूर्व निर्मित ग्रह वेद्यां श्वेत वस्त्र प्रसार्य नवग्रह मंडलं विलिख्य मध्यादि कोष्ठेषु उक्त दिक्षु विदिक्षु सूर्यादि ग्रहाणां स्थापनं पूजनं च कुर्यात्।

इस प्रकार सूर्यादि नवग्रहों को कलश के उत्तर ईशान कोण में स्थापित करें—

ग्रह	**उसका आकार**	**मुंह**	**कहां पर है**
सूर्य—	वृत्ताकार या वृत्त मण्डल	पूर्व मुख	मध्य में
चंद्र—	अर्द्ध चंद्राकार या चतुष्कोण	उत्तर मुख	पूर्व दक्षिण में
मंगल—	त्रिकोण	दक्षिण मुख	दक्षिण में
बुध—	धनुषाकृति या बाण	दक्षिण मुख	पूर्व उत्तर में
गुरु—	अष्टदल या पट्टिट आकार	पश्चिम मुख	उत्तर में
शुक्र—	चतुष्कोण या पंचकोण	पूर्व मुख	पूर्व में
शनि—	नराकृति या धनुषाकार	उत्तर मुख	पश्चिम में
राहु—	मकरकृति या सूर्पाकार	दक्षिण मुख	दक्षिण-पश्चिम
केतु—	खड्गाकृति या ध्वजा	दक्षिण मुख	उत्तर पश्चिम में

सूर्य— मंगल—लाल रंग या मसूर की दाल से
चंद्र- शुक्र—सफेद—चावल से
बुध— हरा मूंग से
गुरु— पीला चने की दाल से
शनि-राहु-केतु—काला उड़द से पूर्व

	बुध-हरा	शुक्र-श्वेत	चंद्र-श्वेत	
	धनुषाअकृाति	पंचकोण	अर्द्धचंद्र	
	गुरु-पीला	सूर्य-लाल	मंगल-लाल	
उत्तर	अष्टदल	वृत्ताकार	त्रिकोण	दक्षिण
	केतु-भिन्न-२ रंग	शनि-काला	राहु-काला	

ध्वजाकार नराकृति सूर्पाकार

सूर्य

ॐ भूर्भुवः स्वः कलिंगदेशोद्भव काश्यपसगोत्र रक्तवर्ण भोः सूर्य इहागच्छ इह तिष्ठ सूर्याय नमः सूर्यमाराध्यामि स्थापयामि।।

ॐ आकृष्णेन रजसा वर्तमानो निवेशयन्नमृतम्मर्त्यं च। हिरण्ययेन सविता रथेना देवो याति भुवनानि पश्यन्।।

इति सूर्यं प्रपूज्य।।

चंद्र

ॐ भूर्भुवः स्वः यमुनातीरोद्भव आत्रेयसगोत्र शुक्ल वर्ण भोः सोम इहागच्छेह तिष्ठ सोमाय नमः। सोममाराधयामि स्थापयामि ॐ इमन्देवाऽऽसपत्न ꣳ सुबद्धम्महते क्षत्राय महतेज्ज्येष्ठ्याय महते जानराज्यायेन्द्रस्येन्द्रियाय।।

इमम मुव्यै पुत्रम् मुष्यै निशऽएव वोमी राजा सोमोऽस्माकम्ब्राह्मणानां राजा इति सोम प्रपूज्य।।

मंगल

ॐ अवंतिकापुरोद्भव भारद्वाज सगोत्र रक्तवर्ण भौम, भोः भौम इहागच्छ इहतिष्ठ भौमाय नमः भौम मराधयामि स्थापयामि।

ॐ अग्निर्मूद्धा दिवः ककुत्पतिः पृथिव्याऽअयम्।

अपा ꣳ रेता ꣳ सिजिन्नवति।।

इति भौमं प्रपूज्य।।

बुध

ॐ भूर्भुवः स्वः मगधदेशोद्भव आत्रेय सगोत्र हरित वर्ण भो बुध इहागच्छ इह तिष्ठ बुधाय नमः। बुधमाराधयामि स्थापयामि ॐ उद्बुद्धस्वाग्ने प्रति जाग्रहि त्वमिष्टा पूर्ते स ꣳ सृजेया मयंच अस्मिन्त्सधस्थेऽध्युतरस्मिंन् विश्वेदेवा यजमानश्च सीदते इति बुधं प्रपूज्य।।

गुरु

ॐ भुर्भुवः स्वः सिंधुदेशोद्भव आंगिरसगोत्र पीत वर्ण भो बृहस्पते

इहागच्छ इहतिष्ठ बृहस्पते नमः। बृहस्पतिमावाहयामि स्थापयामि ॐ बृहस्पतेऽअति यदर्य्योऽअर्हाद्युमद्विभाति ऋतुमज्जनेषु। यद्दोदयच्छ वसऽऋत प्रजात तदस्मा सुद्रविणत्धेहि चित्रम्।।

ॐ इति बृहस्पति प्रपूज्य।।

शुक्र

ॐ भूर्भुवः स्वः भोजकटदेशोद्भव भार्गव सगोत्र शुक्ल वर्ण भो शुक्र इहागच्छ इहातिष्ठ शुक्र नमः शुक्रभावाहयामि स्थापयामि।

ॐ अन्नात्परिरत्रु तोरसम्ब्रह्मणा व्यपिबत्क्षवम्पय सौमम्मजा पतिः ऋतैन सत्यमिन्द्रिरं विपानं शुक्रमन्धसऽइन्द्रस्येन्द्रियमिदम्पयोऽमृतम्मधुन इति भृगु प्रपूज्य।

शनि

ॐ भूर्भुवः स्वः सौराष्ट्र देशोद्भव काश्यप सगोत्र कृष्ण वर्ण भो शनैश्चर इहागच्छ इहातिष्ठ शनैश्चराय नमः शनैश्चरमावाहयामि स्थापयामि।

ॐ शन्नो देवीरभिष्ट्य आपो भवन्तु पीतये।
शंय्योरभिस्त्रवन्तुनः इति शनैश्चराय प्रपूज्य।।

राहु

ॐ भूर्भुवः स्वः राठिना पुरोद्भव प्रठिन सगोत्र कृष्ण भो राहो इहागच्छ इहतिष्ठ राहवे नमः राहुमावाहयामि स्थापयामि।

ॐ कया नाश्चित्रऽआभुव इती सदावृधः सखा। कयाशचिष्ट्यावृता राहु प्रपूज्य।

केतु

ॐ भूर्भुवः स्वः अन्तर्वेदिसमुदभव जैमिन सगोत्र कृष्णवर्णा भो केतु इहागच्छ इहतिष्ठ केतुं नमः।

ॐ केतुं कृवन्नेकतवे पेशो मर्य्याऽअपेशसे।
सुमुषाद्भिरजायथा। इति केतुं प्रपूज्य।।

पाद्यादि पूजनोपरान्त प्रार्थना

ॐ ब्रह्मामुराररिस्त्रि पुरान्तकारी भानुः शशीभूमि सुतोबुधश्च।
गुरुश्चशुक्रश्शनि राहु केतवः सर्वेग्रहाः शान्ति करा भवन्तु

ॐ अधिदेवताभ्यो नमः।
ॐ शिव गौरी तथा स्कन्दो विष्णु ब्रह्मा पुरन्दरः।
यम कालश्चित्र गुप्तश्चाधिदेवा इमे स्मृताः।।
ॐ प्रत्यधिदेवताभ्यो नमः
ॐ अग्निरापो मही विष्णुरिन्द्ररिन्द्राणिका तथा।
प्रजापतिर्भुजंगश्च ब्रह्मा प्रत्यधिदेवताः
ॐ गणादि पंच लोकपालेभ्यो नमः।
ॐ विनायकस्तथा दुर्गा वायुराकाशमेव च।
अश्विनौचैव पंचैतांल्लोक पालान्नमाम्यहम्।।
ॐ इन्द्रादि दश दिग्पालेभ्यो नमः।
ॐ इन्द्रो वह्निः पितृपतिर्नैर्ऋतो वरुणो मरुत्।
कुबेर ईशो ब्रह्मा च अनन्तश्च दिगीश्वरा।
अनया पूजया सांगाः सपरिवाराः सूर्यादयः प्रीणन्तु न मम

कलश स्थापनम्

भूमि-स्पर्श

ॐ भूरसि भूमिरस्यदितिरसि विश्वधाया विश्वस्य भुवनस्यधत्री पृथिवींयच्छ पृथिवीं ७ हपृथिवीं माहि ७ सीः।
अथवा

महीद्यौः पृथिवि चनऽइमं यज्ञंमिमिक्षताम्।
पिपृतान्नोभरीमाभिः। इति भूमिं स्पृष्ट्वा।

मृतिका की वेदी में गेहूं या जौ मिलावें

ॐ धान्यमसिधिनुहि देवान्प्राणायत्वो दानायत्वा व्यानायत्वा।
दीर्घामनुप्रसिति मायुषेधान्देवोवः।
सविताहिरण पाणिः प्रतिगृभ्णात्वाच्छिद्रेण पाणिनाचक्षुषेत्वा महीनां पयोसि।
अथवा

ॐ ओषधयः संवदन्ते सोमेन सहराज्ञायस्मैकृणोति ब्राह्मणस्तंराजंपाश्यामसि। इतियवान् गोनूमान्वा प्रक्षेपः। (यदि वेदी में गेहूं न मिलावें तो जहां भूमि स्पर्श किया है वहां जौं या गेहूं की ढेरी कर दें)

कलश-स्थापन

ॐ आजिघ्रकलशं मह्यात्वाविंशत्विन्दवः पुनरुर्जीनिवर्तस्य सानः सहस्त्रं धुक्ष्वोरुधारापयस्वती पुनर्मा विशताद्रयिः।
अथवा—

आकलशेषुधावति पवित्रे परिषिच्यते।
उक्थैर्यज्ञेषुवर्द्धते। इति कलशं स्थाप्य।

कलश में जल डालें

ॐवरुणस्योत्तंभनमसि वरुणस्यस्कंमसर्जनीस्थोवरुणस्यऽऋतसदन्यसि वरुणस्यऽऋतसदनमसि वरुणस्यऽऋतसदनमासीद। इति जल प्रक्षेपः।

कलश में गंगाजल डालें

ॐ इमम्मेगंगे यमुने सरस्वति शुतुद्रिस्तोमेसचता परुष्णयामरुद्

वृधे वितस्तयाजीकीये श्रृणुह्यासुसोमय। इति तीर्थ जलेनापूर्य।

गंध डालें (चंदन, केशर, कुंकुम कोई भी)

ॐ गंध द्वारां दुराधर्षां नित्य पुष्टां करीषिणीं।
ईश्वरीं सर्व भूतानां तामिहोपह्वये श्रियम्।।
इति कलशेगंध प्रक्षेप।।

सर्वोषधि डालें

ॐ या ऽ ओषधीः पूर्वायाता देवेभ्यस्त्रियुगं पुरा।
मनैनु व भ्रूणा मह ७ शतं धामानि सप्त च।
इति सर्वौषधी प्रक्षेपः।

दूब डालें

(बगीचे में जो घास-दूब लगते हैं।)
ॐ काण्डात् काण्डात् प्ररोहन्ती परुषः परुषस्परि।
एवानो दूर्वे प्रतनुसहस्त्रेण शतेन च इति दूर्वा प्रक्षेपः।।

कुशा डालें

ॐ पवित्रेस्थोवैष्णव्यौ सवितुर्वः प्रसवऽउत्पुनाम्याच्छद्रेण पवित्रण सूर्यस्यरशिमभिः। तस्यते पवित्रपते पवित्र पूतस्य यत्कामः पुनेतच्छकेयम् इति कुश प्रक्षेपः।

सप्त मृत्तिका डालें

–(गौशाला, घुड़शाला, बाग-बगीचे की मिट्टी)
ॐ श्योना पृथिवीनोभवान्नृक्षरा निवेशनी यच्छानः।
शर्मस प्रथाः।। इति सप्तमृद प्रक्षेपः।

पूंगीफल डालना (सुपारी)

ॐ याः फलिनीर्या ऽअफला ऽ अपुष्पा याश्च पुष्पिणीः बृहस्पति प्रसूता स्तानो मुञ्चत्व ७ हसः इति पूंगीफल प्रक्षेपः।)

पंच रत्न गिराना कलश में–(सिक्के ५)

ॐ परिवाजयतिः कविराग्निर्सव्यान्यक्रमीत्।
दधद्रत्नानि दाशुषे।।

अथवा—

सहिरत्नानिदाशुषे सुवाति सविताभागः तंभागं चित्रमीमह।। इति पंच रत्नानि प्रक्षेपः।।

दक्षिणा या स्वर्ण डालें

ॐ हिरण्यगर्भः समवर्तताग्रे भतस्य जातः पतिरेक आसीत्।।
सदाधार पृथिवीन्द्यामुतेमां कस्मैदेवाय हविषाविधेम।।
इति दक्षिणा प्रक्षेपः।।

कलश के गले में मौली (कलावा) बांधना

ॐ युवा सुवासाः परिवीतऽआगात्सऽ अनुश्रेयान् भवति जायमानः।।
तन्धीरासः कवयऽउन्नयन्ति साध्यो मनसा देवयन्तः।।
इति कौसुम्ब सूत्र बंधनम्।।

पात्र में चावल भरकर पूर्ण पात्र कलश पर रखना

ॐ पूर्णादर्वि परापत सुपूर्णा पुनरापत। वस्ने वविक्रीणा वहाऽइष मूर्ज ᳬ शतक्रतो इति कलशोपरि तन्दुल पूर्णापात्र विधानम्।।

नारियल पर स्वास्तिक लगा सूत्र (मौली) बांधकर पूर्ण पात्र पर रखना

ॐ श्रीश्चते लक्ष्मीश्च पत्न्या वहो रात्रे पार्श्वे नक्षत्राणि रूपमश्विनौ व्यातम् इष्णान्निषाण मुम्मऽइषाण सर्वलोकम्मइषाण
इति श्रीफल निधानम्।।

कलश में वरुण पूजन करना

ॐ तत्वायामि ब्रह्माणा वन्दमानस्तदा शास्ते यजमानो हविर्भिः।।
अहेडमानो वरुण हवोध्युरुश ᳬ समानऽ आयुः प्रमोषीः इत्यनेन पाद्यादिभिः वरुणं संपूज्य।।

प्रार्थना

ॐ कलशस्य मुखेविष्णुः कंठे रुद्रः समाश्रितः।
मूले तयास्थितो ब्रह्मा मध्ये मातृगणाः स्मृताः।।
कुक्षों तु सागरास्सप्त सप्तद्वीपा वसुन्धरा।

ऋग्वेदो यजुर्वेदो सामवेदोह्यथर्वणः।।
अंगैश्च संहिताः सर्वे कलशन्तु समाश्रिताः।
अत्र गायत्री सावित्री शान्तिः पुष्टि करी सदा।।
आयान्तु यजमानस्य (ममगृहे च) दुरित क्षय कारकाः।
सर्वे समुद्राः सरितस्तीर्थानि जलदा नदाः।।
आयान्तु यजमानस्य (ममगृहे च) दुरित क्षय कारकाः।
देव दानव संवादे मध्यमाने महादधौ।।
उत्पन्ननोसि सदा कुंभः विधृतो विष्णुना स्वयम्।
त्वत्तोये सर्वतीर्थानि देवाः, सर्वे त्वयिस्थिताः।।
त्वयि तिष्ठन्ति भूतानि त्वयि प्राणाः प्रतिष्ठिताः।
शिवः स्वयं त्वमेवासि विष्णुस्त्वञ्च प्रजापतिः।।
आदित्या वसवो रुद्रा विश्वेदेवाः स पैतृकाः।
त्वयि तिष्ठन्ति सर्वेऽपि यतः काम फलप्रदाः।।
त्वत्प्रसादादिमं यज्ञ कर्तुमोहे जलोद्भवः।
सान्निध्यं कुरु मे देव! प्रसन्नो भव सर्वदा।।
ॐ पाशपाण नमस्तुभ्यं पद्मिनी जीवनायकः।
प्रधान पूजनं यावत्तावत्त्वं सन्निधौ भव।
इति कलश पूजनम्।।

सरसो हाथ में लेकर दिग्रक्षा करना

ॐ अपसर्पन्तु ते भूता ये भूता भुवि संस्थिताः।
ये भूता विघ्न कर्तारस्ते गच्छन्तु शिवाज्ञया।।
अप क्रामन्तु भूतानि पिशाचाः सर्वतो दिशम्।
सर्वेषामवरोधेन पूजा कर्म समारभे।।
इति सर्व दिशु सर्पपान् विकीर्य (सरसों थोड़ा-थोड़ा चारों दिशाओं में फेकें)

यान्त्रिक रक्षा

ॐ सूर्यः सोमोयमः काल सन्ध्ये भूतान्यहक्षपाः।।
पवनो दिग्पतिर्भूमि राकाशंखचरामरा।।
बाह्यं शासनमास्थाय कल्पध्वमिह संनिधिम्।।
इत्यनेन भूमि स्पृष्ट्वा दिग्बंधनं कुर्यात्।।
पंचगव्य से भूमि तथा पूजन सामग्री को छिड़ककर शुद्ध करें।
पूजनार्थ अपने बाएं ओर साधारण कलश स्थापित करें—(पंचगव्य, गोमूत्र, गोबर, दूध, दही, कुशयुक्त जल)

ॐ रं इति जल-धारया अग्नि प्राकारं विचिन्त्य पूजा मारत्रेत।

तत्र साधारण कलशं संस्थाप्य वरुणं सम्पूज्य पीठ-पूजां कुर्यात्।।

स्ववाम भागे बिन्दु त्रिकोण वृत चतुरस्य मण्डलं निर्माय अपने बाएं भाग में (बायीं ओर) निम्न आकार बनायें–

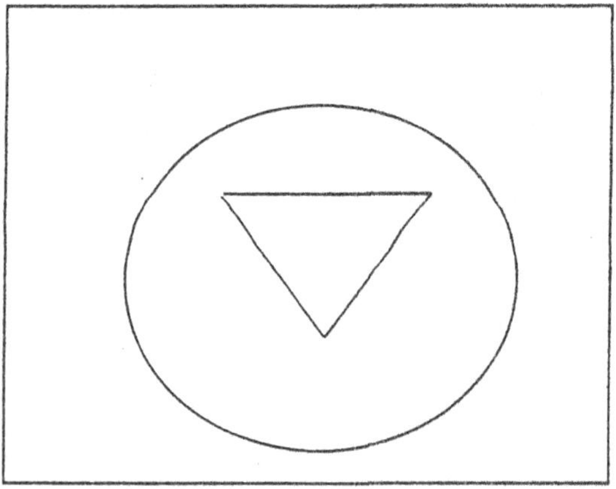

ॐ ह्रीं आधार शक्ले नमः।। इति सम्पूज्य तत्राधारं संस्थाप्य।

अब खड्ग पूजा करें

'ॐ क्रः अस्त्राय फट्' इत्यनेन पात्रं प्रक्षाल्य।।
'ॐ क्रां ह्रदयाय नमः' इति जलेनापूर्य।।
मन्द शकलात्मने वह्नि मण्डलाय नमः।।
ॐ अ द्वादश कलात्मने सूर्य मण्डलायवनम्।।
मूलेन तीर्थोदकैः पूरयेत्।।
पुनः गंदादिभिः सम्पूज्य।।
ॐ षोडश कलात्मने सोममण्डलाय नमः।।
ॐ गंगे च यमुने चैव गोदावरि सरस्वति।।
नर्मदे सिंधु कावेरि जलेऽस्मिन्संनिधिं कुरु।।
इत्थं कुश मुद्रया तीर्थान्याबाध्य।।

मूलमन्त्रत्रिवार जपित्वा धेतु मत्स्य कुंभ मुद्रा प्रदर्श्य तज्जलेन आत्मानै पूजा सामग्रीञ्च सम्प्रोक्ष्य।।

इति कलश स्थापनम्।।

पुण्याह वाचनम्

ॐ अवनिकृतजानुमंडलः कमलमुकुलसदृशमञ्जलिं शिरस्याधायानन्तरं दक्षिणेन पाणिना स्वर्णपूर्णकलशं धारयित्वा दीर्घा नागा नद्यो गिरयस्त्रीणि विष्णुपदानि च। ॐ त्रीणि पदा विचक्रमे विष्णुर्गोपाअदाभ्य। अतो धर्माणि धारयन्। तेनायुः प्रमाणेन पुण्यं पुण्याहं दीर्घमायुरस्त्विति भवन्तो ब्रुवन्तु। (इति यजमानो वदेत्)। पुण्यं पुण्याहं दीर्घमायुरस्तु (इति द्विजाः) (एवं सर्वत्र यजमानवचनोत्तरं ब्राह्मणाः प्रतिवचनं दद्युः)। ब्राह्मणानां हस्ते सुप्रोक्षितमस्तु। (यज०)। अपां मध्ये स्थिता देवाः सर्वमप्सु प्रकीर्तितम्। ब्राह्मणानां करे न्यस्तः शिवा आपो भवन्तु मे। शिवा आपः सन्तु। (ब्राह्मणाः) सन्तु शिवा आपः। (यज०) लक्ष्मीर्वसति पुष्पेषु लक्ष्मीर्वसति पुष्करे। सा मे वसतु वै नित्यं सौमनस्यं तथास्तु नः। सौमनस्यमस्तु। (ब्राह्म०) अस्तु सौमनस्यम् (यज०) अक्षतं चास्तु मे पुण्यं दीर्घमायुर्यशो बलम्। यद्यश्रयस्करं लोके तत्तदस्तु सदा मम। अक्षतं चारिष्टं चास्तु।

(ब्राह्म०) अस्त्वक्षतमरिष्टं च। (यज०) सूर्यादयो ग्रहाः सर्वे ध्रुवो नद्यस्तथैव च। विष्णोः पदप्रमाणेन दीर्घमायुरवाप्नुयाम्। दीर्घमायुरस्तु। (ब्राह्म०) अस्त्वायुर्दीर्घम्। (यज०) वनस्पतीनां सर्वासां रसगंधसमुद्भवः।

देवतानां प्रियो नित्यं रसगंध नमोस्तु ते। गंधाः पान्तु। (ब्राह्म०) पान्तु गंधाः। (यज०) मांगल्येषु च कार्येषु सर्वदा सिद्धिदायकम्। तस्मात् सर्वप्रयत्नेन मांगल्यं चास्तु मे सदा। मांगल्यं चास्तु। (ब्राह्म०) अस्तुमांगल्यम् (यजमानः) पारिजातस्य यत्पुष्पमोषधीषु प्रतिष्ठितम्। यत्पुष्पं नंदने जातं तत्पुष्प पातु मे सदा। पुष्पानि पान्तु। (ब्राह्मणाः) पान्तु पुष्पाणि। (यज०) विष्णोर्वक्षः स्थले या श्रीर्या वै श्रीर्धनदस्य च। सागराच्चैव या जाता साऽस्तु श्रीर्मम धामनि।

सौश्रममस्तु। (ब्राह्मणाः) अस्तु सौश्रयम्। (यज०) अक्षता मनुहस्तस्था वदिता मानवादिभिः। राज्यादिसौख्यदातारस्तेऽक्षताः पांतु मे सदा। अक्षताः पान्तु। (ब्राह्मणाः) पान्त्वक्षताः (यज०) हरिश्चन्द्रादिभिर्दत्तं शिविकर्णादिभिश्च यत्। गृह्यते दीयमानं यत् तद्देयं बहुलं भवेत्। बहुदेयं चास्तु। (ब्राह्म०) अस्तु बहुदेयम्। (यज०) तांबूल तु शुभा शोभा यजातं माधवाऽधरे। मुखं विराजते येन ताम्बूलं पातु मे सदा। ताम्बूलानि पान्तु (ब्राह्म०) पान्तु ताम्बूलानि। (य०) विरंचिनो यदैश्वर्य

रुद्रस्य यन्निरंतरम्। ऐश्वर्यं पद्मनाभस्य तन्मे भवतु सर्वदा। ऐश्वर्यमस्तु। (ब्रा०) अस्त्वैश्वर्यम् (य०) दक्षिणा याऽध्वरे जाता या दत्ता शुभकांक्षिभिः। वेदवादिगृहीता या पातु मे दक्षिणा सदा। दक्षिणाः पान्तु। (ब्रा०) पान्तु दक्षिणाः। (य०) यदारोग्यं धराभर्तुर्धन्वन्तर्यादिना कृतम्। तपोज्ञानवतां यत्तु तदारोग्यं सदाऽस्तु मे।

आरोग्यमस्तु। (ब्रा०) अस्त्वारोग्यम्। दीर्घमायुः शान्तिः पुष्टिस्तुष्टिः श्रीर्यशो विद्या विनयो वित्तं बहुपुत्रं बहुधनं चायुष्यं चास्तु। (य०) यं कृत्वा सर्ववेदयज्ञक्रियाकरणकर्मारंभाः शुभः शोभनाः प्रवर्तन्ते तमहमोंकारमादिं कृत्वा ऋग्यजुःसामाथर्वाशीर्वचनं बहुऋषिमतं बहुभिः समनुज्ञातं भवद्भिरनुज्ञातः पुण्यं पुण्याहं वाचयिष्ये (ब्रा०) ॐ वाच्यताम्। ऋक्। ॐ द्रविणोदाद्रविणसस्तुरस्यद्रविणोदाःसनरस्य प्रयंसत्। द्रविणोदावीरवती-मिषनोद्रविणोदारासतेदीर्घमायुः। यजुर्वेदः। द्रविणोदापिपीषतिजुहोतप्रच तिष्ठत। नेष्टाद्दृतुभिरष्यत। सामवेद। दे वो ३ वो ३ द्रविणोदाः। पूणाविवष्टासिचम्। उद्वाऽसिञ्चा। ध्वमुपवापृणध्वम्। आदिद्वोदे। वऊहते इडा भा। ओ इ। डा। अथर्वण। धातारातिः सवितेदंजुषन्तांप्रजापतिर्निधिपतिर्नोअग्निः। त्वष्टाविष्णुःप्रजया संराणोयजमानायद्रविणदधातु। ऋक्। सविता पश्चात्तात्सवितापुरस्तात्सवितोत्तरात्तात्सविताधरात्तात्। सवितानः सुवतुसर्व तातिंसवितानोरासतांदीर्घमायुः। यजुः। सवितात्त्वा सवानाꣳ सुवतामग्निगृहपतीनाꣳ सोमो वनस्पतीनाम्। बृहस्पतिर्वाचऽइन्द्रोज्यैष्ट्यायरुद्रद्द्रः पशुभ्योमित्र सत्त्योवरुणो धर्मपतीनाम्। साम। ऊर्द्धव ऊषुणा ऊता या। तिष्ठादेवोनसविता। ऊद्धर्वो वा जा। स्यासनिता। यादञ्जिभी। वाघोद्भी। वीवी। ह्वयामा हा इऽ। ॐ ई। डा। अथर्वण। यनदेवंसवितारंपरि दवा अधारयन्। तेनेप्यं ब्रह्मणस्पतेपरि राष्ट्राय धत्तन। ऋक्। नवो नवोभवतिजाय मानोऽह्नं। केतुरुपसा मेत्यग्रम्। भागंदेवेभ्योविदधात्यायन्प्रचन्द्रमा स्तिरतेदीर्घमायुः। यजुः। नतद्रक्षासिनपिशाचास्तरंतिदेवानामोज प्रथममज ꣳ ह्येतत्। योविभर्ति दाक्षायण हिरण्य सदेवेषुकृणुतेदीर्घमायु समनुष्येषुकृणुतेदीर्घमायु। साम। चन्द्रमा-आऊवा। त्सुदान्त्ताराऊवा। सुपर्णोधाऊवा। वतेदिवि। नवोहिराऊवा। ण्यनाईऽमाया ऊवा। पदव्विन्दाऊवा तिविद्युताः। वित्तम्माआऊवा। स्यदा सा इ। ॐ इ। डा। अथर्वण। शाकधूमंनक्षत्राणियद्राजा नमकुर्वत। भद्राहम

स्ने प्रायच्छन्निदं राष्ट्रमसादिति। ऋक्
उच्चादिविदक्षिणावन्तोऽअस्थुर्येअश्वदाःसहतेसूर्येण। हिरण्यदाअमृतत्वं भजन्तेवासोदाःसोमप्रतिरन्तआयुः। यजुः। उच्चाते जातमन्धसोदिविसद्भूम्याददे। उग्ग्र शर्म्म महिश्श्रव। साम। उच्चाता इजातमन्धसाः। दि वाइ। सा ह्भू। मिया ददाई उग्ग्रशर्म्मा। महा इऽश्श्रवाऊ। वा। स्तोपे।

अथर्वण उच्चैर्घोषोदुन्दुभिःसत्वनायन्वानस्पत्यः संभृतउस्त्रियाभिः। वांच क्षुणु वानोदमयन्त्सपत्नान्सिंह इव जेष्यन्नभितंस्तनीह। (यजु०) इत्येता ऋचः पुण्याहे ब्रूयात्। (ब्रा०) ब्रूयुः। (य०) व्रतजपनियमतपः स्वाध्यायऋतुदयादमदानविशिष्टानां सर्वेषां ब्राह्मणानां मनः समाधीयताम्। इति यजमानः। समाहितमनसः स्मः इति द्विजाः। प्रसीदन्तु भवन्त इति यजमानो ब्रूयात्। प्रसन्नाः स्म इति द्विजा ब्रूयुः। ततो यजमानो ब्रूयात्। नरनारायणं शान्तिर्या शान्तिर्भूमिसूर्ययाः। योगीशैः कांक्ष्यते शान्तिः सा मे भवतु नित्यशः। शान्तिरस्तु। (ब्राह्मणा) अस्तु शान्तिः। (यज०) यजमानाय या पुष्टिः सर्वजंतुपु या श्रितां या पुष्टिर्धर्मशीलानां सा मे भवतु नित्यशः। पुष्टिरस्तु। (ब्रा०) अस्तु पुष्टिः। (यज०) ऋषीणां मनसि प्रायो जायते नान्यकांक्षिणी। मोक्षमार्गस्य या हेतुः सा मे तुष्टिः प्रसीदतु। तुष्टिरस्तु। (ब्रा०) अस्तु तुष्टि। (य०) प्रत्यहं जायते वृद्धिः सर्वेषां शुभकर्मणाम्। धनवृद्धिर्यशोवृद्धिःसा वृद्धिर्मम वेदानि। वृद्धिरस्तु। (ब्रा०) अस्तु वृद्धिः। (य०) सृष्टिकर्तुश्च यज्जातं यज्जातं गणवेश्मनि। यज्ञेपु कांक्ष्यते नित्यं तदविघ्नं भवेन्मम। अविघ्नमस्तु। (ब्रा०) अस्त्वविघ्नम्। (यज०) नारायणे यदायुष्यं मार्कंडेयत् प्रतिष्ठितम्। यत् स्थितं सर्वभूतेषु तदायुष्यं भवेन्मम। आयुष्यमस्तु। (ब्रा०) अस्त्वायुष्यम्। (यज०) स्वर्गे वै जायते येन येन सौख्यं हिं लभ्यते। यत्कृत्वा गोक्षमाप्नोति शिवं कर्मास्तु मे सदा। शिवं कर्मास्तु। (ब्रा०) अस्तु शिवं कर्म। (य०) यया न क्षीयते स्वर्गो यया स्वर्गस्तु लभ्यते। यया परतरं सौख्यं समृद्धिः साऽस्तु मे सदा। कर्मसमृद्धिरस्तु। (ब्रा०) अस्तु कर्मसमृद्धि। (य०) वाचां समृद्धिर्यज्जातं सा समृद्धिस्त्वथर्वणः। अज्ञानामपि या ऋद्धिः समृद्धिः सास्तु मे सदा। वेदसमृद्धिरस्तु। (ब्रा०) अस्तु वेदसमृद्धिः (य०) मीमांसान्यायवेदान्तसांख्यपातंजलानि च। स्मृतयो धर्मशास्त्राणि तेषामृद्धिर्भवेन्मम। शास्त्रसमृद्धिरस्तु। (ब्रा०) अस्तु शास्त्रसमृद्धिः (य०)

धनं यद्धनदेवस्ययद्धनं हि विभावसोः धनं यत्पृथुना दुग्धं तद्धनं चास्तु मे सदा। धनसमृधिरस्तु। (ब्रा०) अस्तु धनसमृद्धिः। (य०) यद्वैवाऽच्छाश्रय नित्यं लभ्यते पुण्यकर्मभिः। वंशकर्तृ तु यत्प्रोक्तं तद्धान्यं मेऽस्तु सर्वदा। धान्यसमृद्धिरस्तु। (ब्रा०) अर्स्तु धान्य-समृद्धिः (य०) कांक्ष्यते मुनिभिर्नित्यं राजभिः स्वयमीक्षित्। ऋभिः कर्मभिर्धर्मैरिष्ठसंपत् सदास्तु मे। इष्टसंपदस्तु। (ब्रा०) अस्त्विष्टसंपत्। (यज०) अनिटदुःखदा रोगाः संनिपात ज्वरादयः। पिशुनास्तस्कराःसर्वे तदनिष्टं प्रशाम्यतु। अनिष्टनिरसनमस्ते। (ब्रा०) अस्त्वनिष्टनिरसनम्।

(य०) यत्पापं रोगमशुभमकल्याणं तद्दूरे पतिहतमस्तु। यच्छ्रेयस्तदस्तु। उत्तरे कर्मणि निर्विघ्नमस्तु। उत्तरोत्तरमहरहरभिवृद्धिरस्तु। उत्तरोत्तराः क्रियाः शुभाः शोभनाः संपद्यन्ताम्। तिथिकरणमुहूर्तनक्षत्र ग्रहलग्नाधिदेवताः प्रीयन्ताम्। तिथिकरणे समुहूर्ते सनक्षत्रे सग्रहे सलग्ने साधिदेवते प्रीयेताम्। दुर्गापांचाल्यौ प्रीयेताम्। अग्निपुरोगा विश्वेदेवाः प्रीयन्ताम्। इन्द्रपुरोगा मरुद्गणाः प्रीयंताम्। वसिष्ठपुरोगा ऋषिगणः प्रीतन्ताम। माहेश्वरीपुरोगा उमामातरः प्रीतयन्ताम्। अरुन्ध तीपुरोगा एकपल्पः प्रीयन्ताम्। विष्णुपुरोगाः सर्वे देवाः प्रीयन्ताम्। ब्रह्मपुरोगा सर्वे देवाः प्रीयन्ताम्। आदित्यपुरोगा सर्वे ग्रहाः प्रीयन्ताम्। ब्रह्म च ब्राह्मणाश्च प्रीयन्ताम्। श्री सर-वत्यौ प्रीयेताम्। श्रद्धामेधे प्रीयेताम्। भगवती कात्यायनी प्रीयताम्। भगवती माहेश्वरी प्रीयताम्। भगवती ऋद्धिकरी प्रीयताम्। भगवती सिद्धिकरी प्रीयताम्। भगवती पुष्टिकरी प्रीयताम्। भगवती तुष्टिकरी प्रीयताम्। भगवन्तौ विघ्नविनायकौ प्रीयेताम्। सर्वाः कुलदेवताः प्रीयन्ताम्। सर्वा ग्रामदेवताः प्रीयन्ताम्। सर्वा इष्टदेवताः प्रीयन्ताम्। हताश्च ब्रह्मद्विपः। हताश्च परिपन्थिनः। हताश्च विघ्नकर्तारः। हताश्च विघ्नकराः। शत्रवः पराभवन्तु। शाम्यंतु घोराणि। शाम्यन्तु पापानि। शाम्यन्त्वीतयः। शुभानि वर्द्धन्ताम्। शिवा आपः सन्तु। शिवा ऋतवः संतु। शिवा ओषधयः संतु। शिवा अग्नयः सन्तु। शिवा आहुतयः सन्तु। शिवा वनस्पतयः सन्तु। शिवा अतिथयः संतु। अहोरावे शिवे स्याताम्। ऋक्-शंनः कनिऋदद्देवःपर्ज्जन्योअभिवर्षत्वोषधयः प्रतिधीयताम्। शंनोद्यावा पृथिवीशंप्रजाभ्यःशन्नोअस्तुद्विपदेशंचतुष्पदे। यज्। निकामेनिकामेन पर्ज्जन्योवर्षतुफलवत्योनऽओषधय पच्च्यन्तांज्योगक्षेमोन कल्पतान्। सांम। त्वष्टा नोदैवियम्। वचाः। पर्ज्जन्न्योब्रह्मणस्या तोः। पुत्रे

र्भ्रातुभिरदतिर्न्नुपातु नाः दुष्टारा न्त्रा मणव्वाच। ओ इ डा। अथर्वण। गणास्त्वोषगायन्तु मारुताः पर्जन्यघोषिणः पृथक्। सर्गा वर्षस्य वर्षतो वर्षन्तु पृथिवीमनु। शुक्रांगारकबुधबृहस्पतिशनैश्चरराहुकेतुसोमसहिता आदित्यपुरोगाः सर्वे ग्रहाः प्रीयंताम्। भगवान्नारायणः प्रीयताम्। भगवान् पर्जन्यः प्रीयताम्। भगवान् स्वामी महासेनः प्रीयताम्। पुरोनुवाक्ययायत्पुण्यंतदस्तु। यज्ञेज्यया यत् पुण्य तदस्तु। वषट् कारेण यत पुण्य तदस्तु। प्रातः सूर्योदये यत् पुण्यं तदस्तु। (यज०) एतत् पुण्यं कल्याणयुक्तं पुण्याहं वाचयिष्ये (ब्रा०) वाच्यताम्। (य०) ब्राह्म पुण्यं महद्यच्च सृष्ट्युत्पादनकारकम् वेदवृक्षोद्भवं नित्ये पुण्याहं ब्रुवतु नः। भो ब्राह्मणाः मह्यं सकुटुंबिने महाजनान्नमस्कुर्वाणाय आशीर्वचनमपेक्षमाणाय मया क्रियमाणस्य अमुककर्मणः मम गृहे पुण्याहं भवन्तो ब्रुवन्तु। (ब्रा०) ॐ पुण्याहम् एवं त्रिः पठित्वा। ऋक्। उद् गा ते व श कु ने सा म गा य सि ब्र ह्म पु त्रा इ व स व ने षु श स सि। वृषेववाजीशिशुमतिरपीत्या सर्वतोनः शकुनेभद्रमावदविश्वतोनः शकुपुण्यमावद।

(यजु०) पुनन्तु मादेवजनः पुनन्तुमनसाधिय। पुनन्तुविश्वा भूतानि-जातवेद पुनीहिमा। साम। पुनानस्सो धारा या। आपोवसानोअर्पस्यारत्नधायोनिमृतस्यसा इऽदसाइ। ॐ हा ऊवा। उत्सोदेवोहिरा हाई। ॐ हो ऊवा। ण्यया। औ। होवा। हो इ। डा। अथर्वण। पुनन्तु मां देवजनाः पुनन्तु मनवो धिया। पुनन्तु विश्वा भूतानि पवमानः पुनातु मा। (य०) पृथिव्यामुद्धृतायान्तु यत् कल्याणं पुरा कृतम्। ऋषिभिः सद्धगन्धर्वैस्तत्कल्याणं ब्रुवंतु नः। भो ब्राह्मणा० पूर्ववत् मया० कर्मणः मम गृहे कन्याणं भवंतो ब्रुवंतु। (ब्रा०) ॐ कल्याणम्। त्रि० ऋक् अपाःसोममस्तमिन्द्रप्रयाहिकल्याणीर्जायासुरंण गृहेते। यत्ररथस्यबृहतोनिधानं विमोचनंवाजिनोदक्षिणावत्। यजुः यथेमांव्वाचं कल्याणीमावदानिजनेभ्य। ब्रह्मराजन्याभ्याॅ शूद्रयचार्यायचस्वायचारणायच। मियोदेवानां दक्षिणायैदातुरिहभूयासगयंमेकाम समृद्ध्यतामुपमादोनमतु। साम। का या। नश्चा इऽत्रा आभुवात्ऊऽ। तीसदावृधस्स। खाऽ। औ होहाइ। कया श चाइ। यौ हो। हुम्मा। वार्तो हाइ। अथर्वण। विश्वजित् कल्याण्यैमापरिदेहि। कल्याणिद्विपाच्चसर्वनोरक्षचतुष्पाद्यञ्च नःस्वम् (य०)। सागरस्यतु या ऋद्धिर्महालक्ष्म्यादिभिःकृता। संपूर्णा सुप्रभावा च तां च ऋद्धिं ब्रुवन्तु नः। भो ब्राह्मणाः पूर्ववत् मया०

कर्मणः मम गृहे ऋद्धिं भवन्तो ब्रुवन्तु। (ब्रा०) ॐ ऋद्ध्यताम्। त्रि०। ऋक्। ऋध्याम्स्तोमंसनुयामवाजमानोमंत्र सरथेहोपयातम्। यशोनपक्वंमधु गोष्वंतराभूतांशोअश्विनोःकाममप्राः। यजुः। सत्रस्यऽऋद्धिरस्यगन्मज्योतिरमृताअभूम। दिवंपृथिव्याअध्यारुहामाविदामदेवान्स्वर्ज्योति। साम। औहोवा। औहो वा अगन्मज्योतिः। अगन्मज्योतिः। अमृता-अभूम। अमृताअभूमा। तरिक्षं पृथिव्याअध्यारुहामा। तरिक्षं पृथिव्याअध्यारुहाम। दिवमंतरिक्षादध्याहारुम। अविदामदेवान्। समुदेवेरगंन्महि। औहोवा। औहो वा। सुवर्ज्योत अथर्वण। ऋधङ्मन्त्रोयोनिंयआ बभूवामृता सुर्वर्धमानः सुजन्मा। अदब्धासुर्भ्राज मानोहे वत्रितोधर्तादाधारणत्रीणि। (य०) स्वस्तिरस्तु या विनाशाख्या पुण्यकल्याण वृद्धिदा। विनायकप्रिया नित्यं तां तां स्वस्तिं ब्रुवंतु नः। भो ब्राह्मणाः० मया० अमुककर्मणः मम गृहे स्वस्ति भवन्तो ब्रुवन्तु। ब्रा० ॐस्वरित। एवं त्रिः ऋक्। स्वस्तिऋद्धि प्रपथे श्रेष्ठारेक्णस्वत्यभियावाममेति। सानो अमासोअरणेनि पातु स्वावेशाभवतु देवगोपा। यजुः स्वस्तिनऽइन्द्रो वृद्धश्श्रवा स्वस्तिन पूषाव्विश्ववेदा। स्वस्तिनास्ताक्ष्योऽअरिष्टनेमिः स्वस्तिनोबृहस्पतिर्द्दधातु। साम। त्रातारमिन्द्रमविता! रमीन्नद्राम्। ह्वेहवेसुहव शू रमीन्द्राम्। हुवाइनुशक्कम्पुरुहू। तमीन्द्राम्। इद स्वस्तिनो। मधवा वा इ। तू वा इद्रा। अथर्वण। स्वस्तिमात्रउतपित्रे नोअस्तु स्वस्ति गोभ्यो जगते पुरुषेभ्यः। विश्व सूभूतसुवित्रं नो अस्तु ज्योगेव दृशेम सूर्यम् ।। (यज०)

मृकण्डसूनोरायुश्च ध्रुवलोमशयोस्तरथा। आयुपातेन संयुक्ता जीवेम शरदः शतम्। ब्रा०। शतं जीवन्तु भवन्तः। ऋक्। शतं जीव शरदो वर्धमानः शत हेमन्ताञ्च्छतमुवसन्तान्। शतमिन्द्राग्नी सविता बृहस्पतिः शतायुषाहविषेमंपुनर्दुः। यजुः। शतमिन्नुशरदोऽअति देवायत्रानश्चक्राजरसकनन्नाम्। पुत्रासोयत्रपितरोभवन्तिरानोमध्यारीरिषतायुर्गन्तो। साम। हाउ०। यशोहाउ। वर्चोहाउ। अस्मिन्हाई। आस्मिनुहा उवा। तवदिन्द्रावंमवसु। त्वंपुष्यसिमध्यमम्। सत्राविश्वस्यपरमस्यराजसि। नकिष्ट्वागोषुवृपवते। हाउ० यशोहाउ। वर्च्योहाउ। आस्मिन्हाई। आस्मिन्हा उवा। आयुर्विश्वायुर्विश्वां विश्वमायुर-शीमहीप्रजान्त्वष्टरधिनिधेह्यस्मे शतजीवेमशरदोवयन्ते। अथर्वण। आयुरस्मैधेहिजातवेदः प्रजांत्वष्टरधिनिधेह्यस्मै। रायस्पोषंसुवितरा सुवास्मै शतंजीवातिशरदस्तवायम्। (य०) शिवगौरीविवाहे या या श्रीरामे

नृपात्मजे। धनदस्य गृहे या श्रीरस्माकं सास्तु सद्मनि। क्षीरोदधिसमुद्भूता मथ्यमाने महोदधौ। विष्णोश्चैव प्रिया नित्यं तां श्रियं भो ब्रुवन्तु नः। भो ब्राह्मणाः० मया० अमुककर्मणः मम गृहे श्रीरस्त्विति भवंतो ब्रुवन्तु। (ब्रा०) अस्तुश्रीः। ऋक्। श्रियेजातःश्रियआनिरियायश्रियंवर्योजरितृभ्योदधाति। श्रियवसाना अमृतत्वमायन्भवन्तिसत्यास मिथामितद्रौ।

यजुः। मनस काममाकून्तिव्वाच सत्यमशीय। पशूनां ७ रूपमन्त स्यरसोयशः श्री श्रयताम्मयिस्वाहा। साम। श्रायन्तइवसूऽ रायाम्। विश्वा इदिन्द्रा। स्यभा क्षाता। वासूनिजा तो जनिमा। नियोजाऽ सा। प्रतिभांगन्नदीऽधिमः। प्राप्ती। भागान्ना दा। हुम्। धिमा। ॐ वा। हे। श्रिये। अथर्वण एहयातु वरुणः सीमो अग्निर्बृहस्पतिर्वसुभिरेहयातु। अस्यश्रियमुपसयातसर्वउग्रस्यचेतुः संमनसः सजाताः। (यज०) प्रजापतिर्लोकपालो धाता ब्रह्मा स देवराट्। भगवान शाश्वतो नित्यं स नो रक्षतु सर्वतः। (ब्रा०)। भगवान्प्रजापतिः प्रीयताम्। ऋक्। प्रजापतेनत्वदेतान्यन्याविश्वा जातानिपरिताबभूव। यत्कामास्तेजुहुमस्तन्नोअस्तु-वयस्यामपतयोरयोणाम्।

यजुः। प्रजापते त्वदेतान्यन्न्योव्विनारूपाणिपरिताबभूव। वकामारते जुहूमस्तन्नोऽअस्त्व यममुष्यपितासाव्स्यपिताव्वय ७ स्यामपतयोरयीणा ७ स्वाहा। साम। हाउ। इमा। प्रजाः। प्रजापते। होई। प्रजापते। हा उ। वा। ए। हृदयम। ए हृदया उवा प्रजारूपम जीजने। इदइडा अथर्वण। प्रजापतेरावृतोब्रह्मणावर्भणाहकश्यपरस्यन्योतिपावर्चसाच। जरदष्टिः कृतवीर्यो विहाया सहस्रायुःसुकृतश्चरेयम। (यज०)

आयुष्मते स्वस्तिमते। यजमानाय दाशुपे। कृये रत्नोशिपः सन्तु ऋत्विग्भिर्वेदपान्गौः। देवेन्द्रस्य यथा स्वस्ति तथा स्वस्ति गुरोर्गृहे। एकलिंगे यथा स्वस्ति तथा स्वस्ति सदा मम। (ब्रा०) आयुष्मते स्वस्ति। ऋक्। स्वस्तयेवायुमुपब्रुवामहैसोमं स्वस्तिभुवनस्ययस्पतिः। बृहस्पतिंसर्वगणंस्वस्तये स्वस्तय आदित्यासोभवन्तु नः। यजुः। प्रतिपन्थामपद्महिस्वस्तिगामनेहसम्। येनविश्श्वात्परिद्विषोव्वृणक्ति ब्विदतेव्सृ। साम त्यमूषू। वाजि। नाम। देवजुता। सहोवानन्ता। रुता। रह रथा नाम्। अरिष्टना इमीम्। पृतना जमा शुभ्। स्वस्त। याऽइ। ताक्ष्र्यमिहा। हू वा इऽमा। अथर्वण। वेदःस्वस्तिर्द्रुघणः स्वस्तिः परशुर्वेदिः परशु नः स्वस्ति। हविष्कृता यज्ञिया यज्ञकामास्तेदेवासो

यज्ञमिर्म जुपन्ताम्। स्वस्तिदा विशांपतिर्वृत्रहाविमृधीवशी। वृषेन्द्रः पुरए तुनःसोमपा अभयङ्करः। स्वस्तये वाजिभिश्च प्रणेतः संयन्महीरिष आसत्सि पूर्वीः। रायोवन्तारोबृहतः स्यामास्मे अस्तु भंग इन्द्र प्रजावान्। नमस्ते राजन् वरुणस्तु मन्यवेविश्वंगह्युग्र निचिकेषि दुग्धम्। सहस्रमन्यान् प्र सुवामिसाकंशतं जीवाति शरदस्तवायम। महोऽअग्ने समिधा नस्य शर्म्मण्य नागा मित्रे व्वरुणो स्वस्तये। श्रेष्ठे स्यामसवितु सवीमनि तद्देवानामवोऽअद्याव्वृणीमहे। विश्वानि देवसवितेऽति शावाश्व ऋषिः सविता देवता गायत्रीछन्दः आशीर्ग्रहणे विनियोगः विश्वानिदेव सवितर्दुरितानिपरासुव। यद्भद्रन्तन्नऽआसुव। उत्तरकलशंदक्षिणहस्ते दक्षिणकलशं वामहस्ते गृहीत्वा ताभ्यां धाराद्वयं सततं पात्रे निषिंचेत्। वास्तोष्पतेऽति मंत्रेण। वास्तोष्पते प्रतिजानीह्यस्मान्त्स्वा वेशो अनमीवो भवानः। यत्त्वेमहे प्रतितन्नो जुषस्वशंनो भवद्विपदेशचतुष्पदे। अमीवहावास्तोष्पते विश्वारूपाण्याविशन्। सखा सुशेव एधिनः। वास्तोष्पते ध्रुवा स्थूणां सत्रसोम्यानाम्। द्रप्सोभेत्तां पुराशश्वतीनामिंद्रोमुनीनां सखा। इत्यादि। ततः कर्त्तुर्वामतः पत्नीमुपवेश्य पात्रपातितजलेन पल्लवदूर्वाथिरुदङ्मुखा ब्राह्मणारितष्ठंतोऽभिषिंचेयुः। ॐ आपो हिष्ठा मयो भुवस्तानऽऊर्जे दधातन। महेरणायचक्षमे। योव शिवतमारेसस्तस्यभाजयतेहन। उशतीरिव मातर। तस्माऽअरंग मामवोयस्यक्षयायजिन्वथ। आपोजनयथाचन। त्रातार मिन्द्रर्मवितारमिन्द्र। सवेहवे सुहव शूरमिन्द्रम्। व्हयामिश ऋभ्पुरुहूतमिन्द्र ॐ स्वातनोमघवाधात्विन्द्र। व्वरुणस्योत्तं भनमसिव्वरुणस्यस्कंभ सर्ज्जनीत्स्थो व्वरुणस्यऽऋतंसदन्न्यसिवव्वरुणस्यऽऋतसदनमसि व्वरुणस्यऽऋतसदनमासीद। पुनन्तुमा देवजना पुनन्तुमनसाधिये पुनन्तुव्विश्वाभूतानिजातवेद पुनीहि मा। पवित्रेपुनीहि माशुक्रेणदेवदीद्यत्। अग्नेक्क्रत्वाक्रतुंऽ रनु। यत्तेपवित्रमर्चिष्ष्यग्नेवित्रततमन्तरा। ब्रह्मतेनपुतातुमा पवमीन सोऽअद्यन पवित्रेण व्विचर्षणि। य पोतासपुनातुमा। उभाब्भ्यान्देवसवित पवित्रेण सवेनच। माष्पुनीहिव्विश्श्वत। व्वैश्श्वदेदवी पुसती देव्व्यागाद्यस्यामिमाबव्ह्यस्तन्न्वं व्वीतपृष्ट्ठा। तयामदन्त सधमा-देपुव्वय ॐरयामपतयोरयीणाम्। येसमाना समनस पितरोयमराज्ये तेषाल्लोक स्वधानमोयज्ञोदेवेषुकल्प्यताम्।

येसमाना समनसोजीवाजीवेषुमामका। तेषा ॐ श्रीर्म्मयिकल्प्यताममिल्लोकेशतसमा। द्वेसृतीऽअशृणवम्पितृणामहन्देवानामु

तमर्त्यानाम्। ताब्भ्यामिदव्विवमेजत्स में तियदन्तरापितरम्मातरञ्च। इद ॐ हवि प्रजननम्मेऽअस्तु दशवीरं सर्व्वगण ॐ स्वस्तये। आत्क्मसनिप्प्रजासनिपशुसनिलोकसन्न्यभयसनि। अग्निप्प्रजाम्बहुलाम्मे करो त्वन्नम्पयोरेतोऽअस्म्मासुधत्त। भगप्प्रणेतर्ब्भगसत्यराधोभगेमान्धियमुद वाददन्नः। भगप्प्रतो जनयगोभिरश्श्वैर्ब्भगप्रनृभिर्न्नृवृन्त्तेस्याम। समुद्राय त्वाव्वातायस्वाहासरिरायत्वाव्वातायस्वाहा। अनाधृप्पयायत्वाव्वातायस्वाहा। प्रतिधृष्ष्यायत्वाव्वातायस्वाहा। अवस्यवेत्त्वाव्वाताय स्वाहोशिमिदा यत्वाव्वास्वाहा। इदमोप प्प्रवहतायद्यञ्चमलचत्। यच्चोभिदुद्रोहानृ तय्यच्चेशेषेऽअभीरुणम्। आपोमातरम्मादेनसः पवमानश्श्वमुञ्चतु। अग्निमीळे पुरोहितं यज्ञस्यदेवमृत्विजम्। हीतारं रत्नधातेमम्। पञ्चेनद्यः सरस्वतीमपियन्तिसस्स्रोतसः। सरस्वतीतुपञ्चधासोदेशेभवत्सहिरत्। आप्प्यायरवसमेतुतेव्विश्वतः सोमव्वृष्ण्यम्। भवाव्वाजस्य सङ्गथे। देवस्यत्त्वासवितुः प्प्रसवेश्शिवनोब्बाहुभ्यां पूष्णोहस्ताब्भ्याम्। सरस्वत्यैव्याचोयन्तुर्य्यन्त्रि–येदधामिबृहस्पतेष्ट्वासाम्राज्ज्येनाभिसिञ्चाम्म्यसौ। देवस्यत्वासवितुः प्प्रसव्वेश्शिनयोब्बाहुभ्याम्पूष्णोहस्ताब्भ्याम्। सरस्वत्त्यैव्वाचोयन्तुर्य्यस्त्रेणाग्नेः साम्राज्ज्येनाभिषिञ्चामि। देवस्येत्त्वासवितुः प्प्रसवेश्शिवनोब्बाहुब्भ्याम्पूश्णो हस्ताब्भ्याम्। अश्शिवनोर्भैषज्ज्येनतेजसेब्ब्रह्मवर्च्चसाया-भिषिञ्चामि सत्स्वत्त्यैभैषज्ज्येनभ्वीर्य्याया न्नाद्योयाभिषिञ्चामीन्द्ररयोन्द्रियेण बलायश्श्रियै यशसेभिषिञ्चामि। शिरोमेश्रीय्यशोमुखन्त्विषिःकेशाश्श्चश्मश्श्रूणि। राजामेप्प्राणोंऽअमृतसम्राट च क्षुर्विराट्श्रोत्रम्। जिव्हामेभ दंद्रव्वाङ्महोमनोमन्न्युःस्वराङ्गमा। मोदाप्प्रमोदाऽअङ्गलीरङ्गानिमित्रम्मेसह। बाहूमेवलमिंद्रियहस्तौमेकर्म्मवीर्य्यम्। आत्क्माक्षात्रमुरोमम। पृष्ठीर्म्मेराष्टमुदरमसाग्रीवाश्चश्श्रोणी। ऊरूऽअरत्नकीजानुनी न्विशोमेङ्गानिहर्व्वत। नाभिर्म्मेचित्तंव्विज्ञानम्पायुर्म्मेपचितिर्ब्भसत्। आनन्दनन्दावाण्डौमेभगः सौभाग्ग्यम्पस। जंघोब्भ्याम्पदद्भयान्धर्म्मोस्मि। व्विशिराजाप्प्रतिष्ठितः। पालाशभवतितेन ब्राह्मणोभिषिञ्चति। ब्रह्म वैपलाशौ ब्रह्मणैवैनमेतदभिषिञ्चति। सर्वेपांवाऽएपवेदाना ॐ रसोयत्सामसर्वेषामेवनमेतद्वेदाना ॐरसेनाभिषिञ्चति। यंदेव कल्पाज्जुहोति प्राणावैकल्पाऽअमृत मुपवै प्राणाऽअमृतेन वैनमे तदभिषिञ्चति। अथ श्लोका। सुरास्त्वामभिषिंचतु ब्रह्मविष्णुमहेश्वराः। वासुदेवो जगन्नाथस्तथा संकर्षणो विभुः प्रद्युम्नश्चानिरुद्धश्च भवन्तु विभवाय ते।

आखंडलोग्निर्भगवान्यसो वै नैर्ऋतिस्तथा। वरुणः पवनश्चैव धनाध्यक्षस्तथा शिव। ब्रह्मणा सहिता ह्येते दिक्पालाः पान्तु वः सदा। कीर्तिर्लक्ष्मीर्धृतिर्मेधा पुष्ठिः श्रद्धा क्रिया मतिः। बुद्धिर्लज्जावपुः शांतिर्माया निद्रा च भावनाः। एतास्त्वामभिषिंचंतु तुष्टि कांति क्षमा तथा। आदित्यश्चंद्रमा भौमो बुधजीवसितार्कजाः ग्रहास्त्वामभिषिंचंतु राहुः केतुश्च पूजितः। देवदानवगन्धर्वा यक्षराक्षसपन्नगाः। ऋषयो मुनयो गायो देवमातर एवं च। देवपत्न्यो ध्रुवा नागा दैत्याश्चाप्सरसां गणाः। अस्त्राणि सर्वशस्त्राणि राजानो वाहनानि च। औषधानि च रत्नानि कालस्यावयवाश्च ये। सरितः सागराः शैलास्तीर्थानि जलदा नदाः। एतास्त्वामभिषिंचंतु सर्वकामार्थसिद्धये। एवमभिषेकं कृत्वा यजमानहस्ते सूत्रं बध्नीयान्। यदा बध्नन्दाक्षायणाहिरण्य शतानीकायसुमनस्यमाना। तन्मऽआव ध्ध्नामिशत शारदायाष्म्माञ्जर दष्टिर्य्यथा सेम्। ॐश्रीवर्च्चस्वमायुष्यमारोग्यमाविधापवमानम्महीपते। धान्यं धनं पशुं बहुपुत्रलाभंशतसं वत्सरन्दीमायु। मंत्रार्थाः सफलाः सन्तु पूर्णाः संतु मनोरथाः। शत्रूणां बुद्धिनाशोऽस्तु मित्राणामुदयोस्तु वः। ऋग्वेदोथ यजुर्वेदः सामवेदो ह्यथर्वणः। ब्रह्मवक्रे स्थिता नित्यं निघ्नन्तु तव शात्रवान्। अक्षतान्विप्रहस्तात्तु नित्यं विंदंति ये नराः। चत्वारो बुद्धिमायान्ति आयुः कीर्तिर्यशो बलम्। (य०) स्वस्ति वाचनाङ्गभूतां वृतेभ्यो ब्राह्मणेभ्यो दक्षिणां दास्ये। इदं स्वस्तिवाचनकर्मकृतस्य विधेर्यन्न्यूनमतिमिक्तं तत् सर्व ब्राह्मणानां वचनात् श्रीपरमेश्वरप्रसादाञ्च सर्व परिपूर्णमस्तु। (ब्रा०) अस्तु परिपूर्णम्।

न्यास

सर्वप्रथम श्री सूक्त के १६ ऋचाओं से स्वदेह न्यास करें।

इसी प्रकार भगवती की मूर्ति या यन्त्र के फूल स्पर्श करवाकर भगवती में भी इन्हीं सब अंगों का न्यास करें—

ॐ हिरण्य वर्णां हरिणीं सुवर्ण रजतस्य जाम्।
चन्द्रां हिरण्मयीं लक्ष्मीं जातवेदो म आवह। शिरसि।
अर्थात् अपना दाहिना हाथ सिर पर लगाएं।
ॐ ताम्म आवह जातवेदो लक्ष्मी मन पगामिनीम्।
यस्यां हिरण्यं विन्देयं गामश्वं पुरुषानहम्। नेत्रयोः। नेत्र स्पर्श।
ॐ अश्व पूर्णां (वां) रथमध्यां हस्तिनाद प्रबोधिनीम्।

श्रियंदेवीमुपह्वये श्रीर्मा देवी जुषताम्। कर्णयोः। कान स्पर्श।

ॐ कांसोस्मितां हिरण्य प्राकारा मार्द्रां ज्वलन्तीं तृप्तां तर्पयन्तीम्।

पद्मे स्थितां पद् वर्णां तामिहोपह्वये श्रियम्। घ्राणयोः। नाकस्पर्श।

ॐ चंद्रा प्रभासां यशसा ज्वलन्तीं श्रियं लोकेदेव जुष्टामुदाराम्।

तां पद्मनी (ने) मीं शरणमहं प्रपद्ये अलक्ष्मीर्मेनश्यतां त्वां वृणे। मुखे। मुख स्पर्श।

ॐ आदित्य वर्णे तपसोधिजातो वनस्पतिस्तव वृक्षोथबिल्वः।

तस्य फलानि तपसानुदन्तु मायान्तरायाश्च वाह्या अलक्ष्मीः। ग्रीवाया। गर्दन का स्पर्श।

ॐ उपैतु मां देव सखः कीर्तिश्च मपिना सह।

प्रादुर्भूतो (स्मि) सुराष्ट्रोस्मिन् कीर्तिमृद्धिं ददातु मे। करयोः परस्पर दोनों हाथों का स्पर्श।

ॐ क्षुत्पिपासामलां ज्येष्ठामलक्ष्मीं नाश याम्यहम्।

अभूतिमसमृद्धिं च सर्वां निर्गुद मे गृहात्। हृदि। हृदय स्पर्श।

ॐ गंध द्वारं दुराधर्षां नित्य पुष्टां करीषिणीम्।

ईश्वरी सर्वभूतानां तामि होपह्वये श्रियम्। नाभौ। नाभीं स्पर्श।

ॐ मनसः कामना कूतिंवाचः सत्य मशीमहि।

पशूनां रूप मन्नस्य मयि श्रीः श्रयतां यशः। लिंगे। लिंग स्पर्श।

ॐ कर्दमेन प्रजाभूता मयि संभव कर्दम।

श्रियं वासय में कुले मातरं पद्ममलिनीम्। गुदे। गुदा स्पर्श।

ॐ आपः स्यजन्तु स्निग्धानि चिक्लीत वस मे गृहे।

निच देवी मातरं श्रियं वासय मे कुले। उर्वो पेट स्पर्श।

ॐ आर्द्रां पुष्करिणीं पुष्टिं पिंगलापद्ममालिनीम्।

चन्द्रां हिरण्मयीं लक्ष्मीं जातवेदो म आवह। जानुनो। घुटनों का स्पर्श।

ॐ आर्द्रां य करिणीं यष्टिं सुवर्णां हेम मालिनीम्।

सूर्यां हिरण्मयीं लक्ष्मी जातवेदो म आवह। जंघयोः। जंघा स्पर्श।

ॐ ताम्म आवह जातवेदो लक्ष्मीमन पगामिनीम्।

यस्यां हिरण्यं प्रभूतिंगावो दास्यो श्वान् विदेयं पुरुषान्वहम।

चरणयो। चरण स्पर्श करें।

ॐ यः शुचिः प्रयतो भूत्वा जुइ यादाज्यमन्वहम्

सूक्तं पंच दशर्चं च श्रीकामः सततं जपेत्। सर्वाङ्गे।

ततः कलशोपरि स्वर्णमयीं श्री दुर्गा प्रतिमां अग्न्युतारण पूर्वकं संनेधाय पट्ट वस्त्रैराच्छाद्य पुरुष सूक्तेन श्रीसूक्तेन पुराणोक्त मार्गेण वा षोडशोपचारैः यशोपचारैर्वा। संपूजयेत्।

वेदोक्त देवी पूजन

आवाहनम्

ॐ हिरण्य वर्णां हरिर्णीं सुवर्ण रजतस्त्रजां।।
चंद्रां हिरण्मयीं लक्ष्मीं जातवेदो मआवह।।
ॐ सहस्त्र शीर्षा पुरुषः सहस्त्राक्षंः सहस्त्र पात्।
सभूमि ꣳसर्वतस्पृत्वात्यतिष्ठद्दशांगुलम्।।
आगच्छेह महादेवि! सर्व सम्पद्प्रदायिनि।
यावद् व्रतं समाप्येत तावत्त्वं सन्निधौ भवः।

इत्यावाहनम्।

पुष्पासन (पूलों का आसन)

ॐ तां म आवह जातवेदो लक्ष्मीं मन पगामिनीम्।
यस्यां हिरण विन्देयं गामश्वं पुरुषानहम्।।
ॐ पुरुषऽउवेद ꣳ सर्वयद्भतंयच्च भाव्यम्।
उतामृतत्वस्ये शानोयदन्ने ना तिरोहति।।
अनेक रत्न संयुक्त नानामणिगणान्वितम्।
कार्तस्वर मसं दिव्यमासनं प्रतिगृह्यताम्।।

इत्यासनम्।

पाद्यम् (श्यामाक, विष्णुकान्ता कमल पुष्प, दूर्वा, जलादि से देवी के निम्न मंत्र से पैर धोएं।)

ॐ अश्व पूर्वां रथ मध्यां हस्तिनाद प्रबोधिनीम्।
श्रयं देवीमुपह्वये श्रीर्मादेवी युषताम्।।
ॐ एतावनस्य महिमातो ज्यायांश्च पुरुषः।
पादोस्य व्विश्वा भूतानि त्रिपादस्या मृतन्दिवि।।
गंगादि सर्व तीर्थेभ्यः मया प्रार्थनयाहृतम्।
तोयमेतत्सुख स्पर्शं पाद्यार्थं प्रतिगृह्यताम्।
तोयमेतत्मुख स्पर्शं पाद्यार्थं प्रतिगृह्यताम्

इति पाद्यम्।

अर्घ्यम् (दूर्वा, तिल, दर्भा, सर्षप (सरसों) यव, पुष्प, अक्षत, चदन, जल मिलाकर अर्पण करें)

ॐ कांसोस्मितां हिरण्य प्रकारामाद्रों ज्वलन्तीम् तृप्तां तर्पयन्तीम्।

पद्मेस्थितां पद्मवर्णां तामिहोपह्वये श्रियम्।

ॐ त्रिपादूर्ध्वऽउदैत्पुरुषः पादोस्येहा भवत्पुनः।
ततो विष्वं व्यक्रामत्साशनान शनेऽअभि।।
निधीनां सर्व रत्नानां त्वमनर्घ्यं गुणाढ्यसि।
सिंहोपरि स्थिते देवि! गृहणार्घ्यं नमोऽस्तु ते।।
इत्यर्घ्यम्।

आचमनम् (आचमन देना)

ॐ चंद्रा प्रभासां यशसाज्वलन्तीं श्रियं लोके देवि जुष्टामुदारां।
तांपद्मनीभीशरणमहं प्रपद्ये अलक्ष्मीर्मेनश्यतां त्वां वृणे।।
ॐ ततो विराड जायतव्यिराजोऽअधिपुरुषः।
सजातोऽअत्यरिच्थतपश्चाद् भूमि मथो पुरः।।
कर्पूरेण सुगंधेन सुरभि स्वादु शीतलम्।
तोमयाचमनीयार्थं देवि! त्व प्रतिगृह्यताम्।।

इत्याचमनम्।

स्नानम् पहले मलापकर्षण स्नान (उबटन)

ॐ आदित्य वर्णे तपसोधिजातो वनस्पतिस्तव वृक्षोथबिल्वः।
तस्य फलानितपसानुदन्तु मायान्तरा याश्च बाह्या अलक्ष्मीः।।
ॐ तस्माधज्ञात्सर्वहुतः संभृतं पृषदाज्यम्।
पशूंस्ताश्चक्रे वायव्या नारण्या ग्राम्याश्चजे।।
मन्दाकिन्याः समानीतैर्हेमां भौरुह वासितैः।
स्नानं कुरुष्व देवेशि! सलिलेश्च सुगन्धिभिः।।

इति स्नानम्।

मधुपर्कम् (दही, मधु (शहद) घृत (घी) मिलाकर पर समान भाग न हो)

ॐ मधुव्वाताऽऋतायते मधु क्षरन्ति सिन्धवः।
माध्वीर्नः सन्त्वोषधीः।।
दधि मधु घृत समायुक्तं पात्र युग्म समन्वितम्।
मधुपर्क गृहाण त्वं शुभदा भव शोभने।।

पुनराचमनीयम् (एक आचमनी जल छोड़ें)

उच्छिष्टोप्यशुचिर्वापि यस्यस्मरणमायतः।
शुद्धिमाप्नोति तस्मै ते पुनराचमनीयकम्।।
स्नानवस्त्रोपवीतान्ते पितरस्मृतम्।

इत्र स्नान

ॐ काण्डात्काण्डात्प्ररोहन्ती परुषः परुषस्परि।
एवानो दूर्वे प्रतनुसहस्त्रेणशतेन च।।
ॐ स्नेहं गृहाणस्नेहेन लोकेश्वरि! महानधे।
सर्व लोकेषु शुद्धात्मन् ददामि स्नेहमुत्तमम्।।

दुग्ध स्नान

ॐ पयः पृथिव्यां पयऽओषधीषु पयोदिव्यन्तरिक्षेपयोधाः।
पयस्वतीः प्रदिशः सन्तुमह्यम्।।
कामधेनु समद्भूतं सर्वेषां जीवनं परम्।
पावन यज्ञ हेतुश्चपयः स्नानार्थमर्पितम्।।
शुद्ध जल से स्नान कराएं।

दही स्नान

ॐ दधिक्राव्णोऽअकारिषं जिव्णो रश्वस्य व्याजिनः।
सुरभि नो मुखा करत्प्रण आयु ꣳ षितारिषत्।।
पयसस्तु समुद्भूतं मधुरात्मनं शशि प्रभम्।
दध्यानीत मयादेवि! स्नानार्थं प्रति गृह्यताम्।।
शुद्ध जल से पुनः स्नान करायें।

घी स्नान

ॐ घृतं घृत पावनः पिवतव्वसां वसापावानः पिवतान्त रिक्षस्य हवि रसि स्वाहा।
द्रिशः प्रदिशऽआदिशोव्विदिशऽउद्दिशोदिग्भ्यः स्वाहा।।
नवनीत समुत्पन्नं सर्व सन्तोष कारकम्।
घृतं तुभ्यं प्रदास्यामि स्नानार्थं प्रति गृह्यताम्।।
पुनः शुद्ध जल से स्नान कराएं।

मधु (शहद) स्नान

ॐ मधु नक्त मुतोषसों मधुमत्पार्थिव ७ रजः
मधु द्यौ रस्तुनः पिता।।
तरु पुष्प समुद्भूतं सुस्वादु मधुरं मधु।
तेजः पुष्टिकरं दिव्यं स्नानार्थं प्रति गृह्यताम्।।
पुनः शुद्ध जल से स्नान।

शर्करा (शक्कर) स्नान

ॐ अपार्ठ० रसमुद्वयस ७ सूर्ये सन्त ७ समाहितम्।
अपां ७ रसस्य योरसस्तं वो गृहणाम्युत्तममुपयामगृही तोसीन्द्रायत्वा जुष्टं गृहणाम्येषते योनिरिन्द्रायत्वा जुष्टतमम्।।
इक्षुसार समुद्भूता शर्करा पुष्टि कारिका।
मलाप हारिका दिव्या स्नानार्थं प्रति गृह्यताम्।।
शुद्ध जल से पुनः स्नान करायें।

पंचामृत स्नान (पंचामृत दूध, दही, घी, शहद और शक्कर से बनता है)

ॐ पंचनद्यः सरस्वतिमुपयान्ति सस्रोतसः।
सरस्वती तू पंचधासो देशे भवत्सरित्।।
पयोदधि घृतं चैव मधु च शर्करान्वितम्।
पंचामृतं मयानीतं स्नानार्थं प्रति गृह्यताम्।।

चंदन से स्नान

ॐ गंध द्वारां दुराधर्षां नित्य पुष्टां करोषिणीम्।
ईश्वरी सर्व भूतानां तामिहोपह्वये श्रियम्।।
मलयाचल संभूतं चन्दनागरु संभवम्।
चंदनं देवि! देवेशि! स्नानार्थं प्रति गृह्यताम्।।
पुनः शुद्ध जल से स्नान करायें।

सुगन्धित उबटन से स्नान

ॐ अ ७ शुनातेऽअ ७ शुः पृच्यताम्परु पापरुः।
गन्धस्ते सोम मवतु रदाय रसोऽअच्युतः।।

नाना सुगन्धि द्रव्यं च चन्दनं रजनी युतम्।
उद्वर्त्तन मया दत्तं स्नानार्थं प्रति गृह्यताम्।।

अब शुद्ध जल से स्नान कराएं।

ॐ शुद्ध वालः सर्व शुद्ध वालो मषि वालस्तऽआश्विनः श्येतः श्येताक्षो रुणस्ते रुद्राय पशुपतये कर्णायामाऽअवलिप्ता रौद्रा नभोरूपाः पार्जन्याः।

पुनः आचमनीयं समर्पयामि।।

अब पुरुष सूक्त के १६ मन्त्रों से मूर्ति पर शंख से महाभिषेक करें—

पुरुष सूक्त

ॐ सहस्त्र शीर्षा पुरुषः सहस्त्राक्ष सहस्त्रपात्।
स भूमि ७ सर्व्वतस्पृत्वात्यतिष्ठद्दशांगुलम्
पुरुष ऽ एवे द ७ सर्व्वय्यद्भूतं य्यच्च भाव्यम्।
उता मृतत्वस्ये शानो यदन्नेनाति रोहति
एतावानस्य महिमा तो ज्ज्यायांश्च पुरुषः।
पादोस्य व्विश्श्वा भूतानि त्त्रिपादस्यामृतन्दिवि।।
त्रिपादूर्द्ध्वऽउदैत्पुरुषः पादोस्येहा भवत्पुनः।
ततो व्विष्वङ् व्यक्रामत्साशनानशनेऽअभि।।
ततो व्विराडजायत व्विराजोऽअधिपूरुषः।
सजातोऽ अत्यरिच्च्यत पश्चाद् भूमि मथोपुरः।।
तस्माद्यज्ञात् सर्वहुतः सम्मृतम्पृषदाज्यम्।
पशूंस्तांश्चक्रे व्वायव्व्यानारयाग्ग्राम्म्याश्च्च्जे।
तस्माद्यज्ञात्सर्व हुतः ऋचः सामानि जज्ञिरे।
छन्दा ७ सि जज्ञिरे तस्माद्यजुस्तस्म्मादजायत।।
तस्म्मादश्श्वा ऽ अजयात ये के चोभयादतः।
गावो ह जज्ञिरे तस्म्मात् तस्म्माज्जाता अजावयः।।
तं य्यज्ञम्बर्हिषि प्प्रौक्षन्नपुरुषञ्जातमग्ग्रतः।
तेन देवा अयजन्त साध्या ऽ ऋषयश्च्चये।।
यत्पुरुषं व्व्यदधुः कतिधा व्व्यकल्पयन्।
मुखङ्किमस्यासीत्किम्बाहू किमूरु पादाऽउच्च्येते।।
ब्राह्मणोस्य मुखमसीद्बाहू राजन्न्यः कृतः।

ऊरुतदस्य यद्वैश्श्यः पद्भ्या ७ शूद्रो ऽ अजायत।।
चंद्रमा मनसो जातश्च्चक्षोः सूर्यो ऽ अजायत।।
श्रोत्राद्वायुश्च प्राणश्च्च मुखादग्निरजायत।।
नाभ्या ऽ आशीदन्तरिक्ष ७ शीर्ष्णो द्यौः समवर्त्तत।
पद्भ्यां भूमिर्द्दिशः श्रोत्त्रात्तथा लोकां अकल्पयन्।।
यत्पुरुषेण हविषा देवा यज्ञमतन्वत।
व्वसन्तोस्या सीदाज्ज्यं ग्रीष्मऽइध्मः शरद्धविः।।
सप्तास्यासन्परिधयस्तिः सप्त सांमधः कृताः।
देवा यद्यज्ञन्तन्वानाऽ अबघ्नन्पुरुषम्पशुम्।।
यज्ञेन यज्ञमयजन्त देवास्तानि धर्म्माणि प्रथमान्यासन्।
ते ह ना कम्महिमानः सचंत यत्र पूर्व्वे साध्याः संति देवाः।।

दो वस्त्र (धोती दुपट्टा) या लहंगा ओढ़नी आंगी धारण कराकर सिंहासन व कलश पर दुर्गा मूर्ति को स्थापित कर पूजन करें।

वस्त्र

ॐ उपैतु मां देवसखः कीर्तिश्च मणिना सह।
प्रादुर्भूतो सुराष्ट्रेस्मिन् कीर्ति वृद्धिं ददातु मे।।
तस्माद्यज्ञात्सर्वहुतऽऋचः सामानि यज्ञिरे।
छन्दा ७ सिं यज्ञिरे तस्माद्यजुस्तस्मादजायत।।
पट्टकूल युगं देवि! कंचुकेन समन्वितम्।
परिधेहि कृपा कृत्वा दुर्गे! दुर्ग विनाशिनि
इति युग्म वस्त्रम्।
पुनराचमनीयम्।।

यज्ञोपवीतम् (जनेऊ दें)

ॐ क्षुत्पिपासामलां ज्येष्ठामलक्ष्मीं नाशयाम्यहं।
अभूतिमसमृद्धिं च सर्वान्निर्णुद मे गृहात्।।
ॐ तस्मादश्वाऽअजायन्त ये के चोभयादतः।
गावो हि जाज्ञिरे तस्मात्तस्माज्जाता ऽ अजावयः।।
स्वर्ण सूत्र मयं दिव्यं ब्रह्मणा निर्मितं पुरा।
उपवीतं मया दत्तं गृहाण निर्मितं पुरा।
उपवीतं मया दत्तं गृहाण परमेश्वरि।।
इति यज्ञोपवीत के बाद आचमन कराएं।

चंदन लगाएं

ॐ गंध द्वारां दुराधर्षां नित्य पुष्टां करीषिणीम्।
ईश्वरी सर्व भूतानां तमिहोपह्वये श्रियम्।।
ॐ त यज्ञं वर्हिषिप्रौक्षन्पुरुषञ्जातमग्रतः।
तेन देवा ऽ अयजन्त साध्याऽऋषयश्च जे।।
श्री खण्ड चन्दनं दिव्यं गन्धाढ्यं सुमनोहरम्।
विलेपनं च देवेशि! चन्दनं प्रति गृह्यताम्।।
इति चन्दनम्।।

सौभाग्य सूत्र दानम्

ॐ सौभाग्य सूत्रं वरदे। सुवर्ण मणि संयुते।
कंठे बघ्नामि देवेशि! सौभाग्यं देहि मे सदा।
कंठ सूत्रं समर्पयामि नमः।।

अक्षत (चावल) चढ़ायें

ॐ अक्षन्नमीमदन्तह्यवप्रिया ऽ अधूषत।।
अस्तोपतस्व मानवो विप्रानविष्ठयामतीयोजन्विन्दते हरी
अक्षतान्निर्मलां शुद्धां मुक्तामणि समन्वितान्।।
गृहाणेमान्भहादेवि! देहि में निर्मला धियम्।।
इत्यक्षतान्।।

हरिद्रा चूर्ण (पिसी हल्दी) चढ़ायें

हरिद्रारञ्जिते देवि! सुख सौभाग्य दायिनि।
तस्मात्त्वां पूजयाम्यत्र दुःख शान्ति प्रयच्छ मे।।
हरिद्रा चूर्ण समर्पयामि नमः।।

गुलाल चढ़ायें

कुंकुमं कान्तिदं दिव्यं कामिनी काम संभवम्।
कुंकुमेनार्चिते देवि! प्रसीद परमेश्वरि!
इति कुंकुमं '(गुलाल) समर्पयामि नमः।'

सिंदूर

सिंदूरमरणाभासं जपाकुसुम सन्निभम्।

पूर्जितासि मया देवि! प्रसीद परमेश्वरि।
सिन्दूरं समर्पयामि।'

काजल चढ़ाना

चक्षुर्भ्यां कज्जलं रम्यं सुभेगे! शान्ति कारके।
कर्पूर ज्योतिरूपन्नं गृहाण परमेश्वरि!
इति नेत्रे कज्जलं समर्पयामि नमः।।

दूब के अंकुर चढ़ाना

ॐ आर्द्रां पुष्करिणीं पुष्टीं पिंगलां पद्म मालिनीम्।।
चंद्रां हिरण्मयीं लक्ष्मीं जातवेदोम आ वह।।
ॐ काण्डात्काण्डात्प्ररोहन्तीपरुषः परुषस्परि।।
एवनो दूर्वे प्रतनु सहस्त्रेण शतेन च।।
दूर्वा दलेश्यामलत्वं मही रूपेहरिप्रिये।।
अतोदूर्वाभिर्भवतीं पूजयामि सदा शिवे।।
इति दूर्वांकुरान् समर्पयामि नमः।।

बेलपत्र चढ़ाना

ॐ आर्द्रायः करिणींयिष्टीं सुवर्णां हेम मालिनीम्।
सूर्यां हिरण्मयीं लक्ष्मीं जातवेदोम आ वह।।
ॐ नमो विल्मिने च कवचिने च नमो वर्मिणे च व्वरूथिने च नमः।।
श्रुताय च श्रुतसेनाय च नमो दुन्दुभ्याय चाहनन्याय च नमः।।
अमृतोद्भवः श्री वृक्षो महादेवि। प्रियः सदा।।
बिल्व पत्रं प्रयच्छामि पत्रितं ते सुरेश्वरि।।
इति बिल्वपत्राणि समर्पयामि नमः।।

पल्लव अर्पण करना

ॐ तां म आवह जातवेदोलक्ष्मीमनपगामिनीम्।
यस्यां हिरण्यं प्रभूतिं गावो दास्योश्वान् विन्देयं पुरुषानहम्।।
ॐ अश्वत्थेवो निषदनं पर्णे वोव्वसतिष्कृत।
गोभाजऽइत्किला सथयत्सनवथ पुरुषम्।
गृह द्वारे चोग्रमपिदुष्टासुर विवर्हिणी।

पूजां करोम चार्वांगि! पल्लवैर्नदनोद्भवैः।
इति पल्लवान्समर्पयामि नमः।

फल माला अर्पण करना

ॐ महादेवी च विद्महे विष्णु पत्नी च धीमहि।
तन्नो देवीः प्रचोदयात्।
ॐ याः फलनीर्या ऽ अफला ऽ अपुष्पायाश्च पुष्पिणीः।
बृहस्पति प्रसूतास्तानोमुञ्चन्त्व ॐ हसः।
शरत्काले समुद्भूतां निशुम्भे मर्दिते त्वया।
फलमालां वरांदेवि! गृहाणसुरपूजिते!
इति फल मालां समर्पयामि नमः।

रत्न माला धारण कराना

ॐ परिवाजपतिः कविरग्निर्हव्यान्यक्रमीत्।
दधद्रत्नानिदाशुषे।
कर्दमेन प्रजाभूतामयि संभव कर्दम।
श्रियं वासय मे गृहे मातरं पद्म मालिनीम्।
मुक्ताफल युतां मालां रत्न वैदूर्य सुप्रभाम्।
माणिक्य स्वर्ण ग्रथितां गृह्यतां वरदे! नमः।
इति रत्न मालां समर्पयामि नमः।

पुष्प माला धारण करना

ॐ आपः स्रजन्तुस्निग्धानि चिक्लीत वसमे गृहे।
निचदेवीं मातरं श्रियं वासय मे कुले।।
ॐ श्रीश्चते लक्ष्मीश्च पत्न्या वहोरात्रे पार्श्वे नक्षत्राणि रूपमश्विनौ व्यात्तम्।
इष्णन्निषाणा मुम्मऽइषाण सर्वलोकम्मऽइषाण।
पद्म शंखज पुष्पादि शतपत्रैर्विचित्रताम्।
पुष्प मालां प्रयच्छामि गृहाण त्वं सुरेस्वरि!
इति पुष्प मालां समर्पयामि नमः।

पुष्प चढ़ायें

ॐ मनसः काममाकूतिं वाचः सत्यमशीय।

पशूना रूप मन्नस्य रसोयशः श्रीः श्रयतां यशः।
ॐ यत्पुरुषंब्यदधु कतिधा व्यकल्पयन्।
मुखङ्किमस्यासीक्तिम्बाहू किमूरूपादाऽउच्येते।
पुष्पैर्नानाविधैर्दिव्यः कुमुदैरथ चम्पकैः।
पूजार्थनीयते तुभ्यं पुष्पाणि प्रति गृह्यताम्।
मन्दारपारिजातादि पाटली केतकानि च।
जाती चंपक पुष्पाणि गृहाणेमानि शोभने।
इति पुष्पाणि समर्पयामि नमः।

दुर्गा प्रदेय पुष्पाणि

कुन्दमन्दार पुन्नाग पाटती नाग केशरम्।
आरग्वधं कर्णिकारं जयन्ती नव मल्लिका।।
सौगन्धिकं सकंकोलं पुन्नागाशोक मल्लिका।
अन्यान्यपि सुगन्धीनि पुष्प पत्राणि देशिकैः।।
इति शक्ति पल्लवे।।

अलंकारम् (आभूषण-गहने चढ़ाना)

हार कंकण केयूर मेखला कुंडलादिभिः।
रत्नाढ्य कुण्डलोपेतं भूषणं प्रति गृह्यताम्।
अलंकाराभावे अक्षतान् समर्पयामि नमः।

जिस चीज को चढ़ाना कठिन हो, उसके स्थान पर फूल या अक्षत चढ़ाये जाते हैं। अतः आभूषणों के स्थान पर अक्षत चढ़ायें।

इत्र चढ़ाना

ॐ अहिरिवभोगैः पर्येतिवाहुं ज्यायाहेतिं परिबाधमानः हस्तघ्नोविश्वा व्युनानिविद्वान्पुमान्पुमा ७ सम्परिपातविश्वतः। चन्दनागरु कर्पूर कुमे रोचनं तथा।

कस्तूर्यादि सुगन्धाश्च सर्वांगेषु विलेपयेत्।
इति परिमल (इत्र) द्रव्यं समर्पयामि नमः।।

मालान्त पूजनोपरान्त अंग-पूजा

ॐ दुर्गायै नमः पादौ पूजयामि नमः।
ॐ महाकाल्यै नमः गुल्फौ पूजयामि नमः।

ॐ मंगलायै नमः जानुद्वयं पूजयामि नमः।
ॐ कात्यायन्यै नमः ह्रदयं पूजयामि नमः।
ॐ भद्रकाल्यै नमः कटिं पूजयामि नमः।
ॐ कमलवासिन्यै नमः नाभिं पूजयामि नमः।
ॐ शिवायै नमः उदरं पूजयामि नमः।
ॐ क्षमायै नमः ह्रदयं पूजयामि नमः।
ॐ कौमार्यै नमः स्तनौ पूजयामि नमः।
ॐ उमायै नमः हस्तौ पूजयामि नमः।
ॐ महागौर्यै नमः दक्षिणं बाहुं पूजयामि नमः।
ॐ रमायै नमः स्कन्धौपूजयामि नमः।
ॐ महिष-मर्दिन्यै नमः नेत्रे पूजयामि नमः।
ॐ सिंह-वाहिन्यै नमः मुखं पूजयामि नमः।
ॐ माहेश्वर्यै नमः शिरः पूजयामि नमः।
ॐ कात्यायिन्यै नमः सर्वाङ्ग पूजयामि नमः।
इत्यङ्ग पूजनम्।।

धूप अर्पण करना व अक्षत छोड़कर घंटा बजाना

ॐ यः शुचिः प्रयतो भूत्वा जुहूयादाज्यमन्वहम्।
सक्तं पंच दशर्चंञ्च श्रीकामः सततं जपेत्।
ॐ धूरसि धूर्व धूर्वन्त धूर्वतं योस्मान्धुर्वति तं धूर्वयं वयं धूर्वामः।
देवानामसि वह्नितम ॐ सास्तितमं पप्रितमञ्जुष्टतमन्दे वहूतमम्
दशाङ्ग गुग्गलं धूम चन्दनागरु संयुतम्।
समर्पितं मया भक्त्या महादेवि! प्रतिगृह्यताम्।
धूप पात्र देवता वामे, इति धूपमाघ्रापयामि नमः।

अब दीप जलाएं व अक्षत छोड़कर घंटा बजायें

ॐ सरसिज निलये सरोज हस्ते धवलतरांशुकगन्ध माल्यशोभे भगवति! हरिवल्लभे! मनोज्ञे! त्रिभुवन! भूतिकरि! प्रसीद मह्यम्।
ॐ अग्निर्ज्योति ज्योतिरग्निः स्वाहा सूर्यो ज्योति ज्योति सूर्यः स्वाहा।
अग्निर्वर्चो ज्योतिर्वर्चः स्वाहा सूर्यो वर्चो ज्योतिर्वच स्वाहा ज्योतिः सूर्यः सूर्यो ज्योतिः स्वाहा।
घृतवर्तित समायुक्तं महातेजो महोज्ज्वलम्।

दीपं दास्यामि देवेशि! सुप्रीत भव सर्वदा।
इति दीपं दर्शयेत् घृतदीपं सितवर्ति युतं देवता दक्ष भागे।
तैल दीपं रक्तवर्ति युतं देवता वाम भागे।

नैवेद्यं

नैवेद्यं निवेदयामि नमः
जलेनाभ्युक्ष्य।।
गंधपुष्पाभ्यामाच्छाद्य।।
धेनु मुद्रया अमृतीकृत्य
योनि मुद्रां प्रदर्श्य।।
सत्यन्त्वर्त्तेन परिषिञ्चामि इति प्रातः। (ऋतंत्वासत्येन परिषिञ्चामि इति सायं घंटा वादयेत्)
ग्रास मुद्रा का प्रदर्शन करते हुए कहें—
ॐ प्राणाय स्वाहा (अंगुष्ठ अनामिका कनिष्टिभिः)।।
ॐ अपानाय स्वाहा (अंगुष्ठ तर्जनी मध्यमाभिः)।।
ॐ उदानाय स्वाहा (अंगुष्ठ मध्यमानामिकाभिः)।।
ॐ व्यानाय स्वाहा (अंगुष्ठ तर्जनी मध्यमानाभिकाभिः)।।
ॐ समानाय स्वाहा (सर्वाङ्गुलीभिः)।।
ॐ आर्द्रां पुष्करिणी पुष्टिं सुवर्णां हेम मालिनीम्।।
सूर्यां हिरण्मयीं लक्ष्मीं जातवेदो म आवह।।
ॐ नाभ्याऽआसीदन्तरिक्ष ७ शीर्ष्णो द्यौः समवर्तत।।
पद्भ्यां भूमिर्दिशः श्रोता तथा लोकांऽअकल्पयन्।।
अन्नं चतुर्विधं स्वादुरसैः षड्भिः समन्वितम्।।
नैवेद्यं गृह्यतां देवि! भक्ति मे ह्यचलां कुरु।।
नैवेद्यं निवेदयामि नमः।।
मध्ये मध्ये आचमनीयं समर्पयामि नमः।।
उत्तरापोषणार्थे पनुर्नैवेद्य निवेदयामि नमः।।
पुनराचमनीयं समर्पयामि नमः।।

आचमनम्

ॐ आर्द्रयः करिणीं यष्टिं पिंगलां पद्म मालिनीम्।।
चंद्रां हिरण्मयीं लक्ष्मीं जात वेदो म आवह।।
ॐ यत्पुरुषेण हविषा देवा यज्ञमतन्वत।।

वसन्तोस्यासीदाज्यं ग्रीष्मऽइध्मः शरद्धविः।।
आचम्यतां त्वया देवि! भक्ति मे ह्यचलां कुरु।।
ईप्सितं मे वरं देहि परत्र च परागतिम्।।
आचमनं समर्पयामि नमः।।

करोद्वर्तनम्—चंदन चढ़ायें।

करोद्वर्तनेकं देवि! सुगन्धैः परिवासितैः।।
ईप्सितं मे वरं देहि परत्र च पराङ्गेतिम्।।
करोद्वर्तनार्थे गंधं समर्पयामि नमः।।

हस्त प्रक्षालनार्थे जलम्—देवी के हाथ धुलायें।

गंध तोय समानीतं सुवर्ण कलशे स्थितम्।
हस्त प्रक्षालनार्थाय पानीयं ते निवेदये।।

ऋतु फल पढ़ाना

ॐ याः फलिनीर्याऽअफलाऽअपुष्पा याश्चपुष्पिणीः।।
बृहस्पति प्रसूतास्ता नो मुञ्चन्त्व ঌ हसः।।
द्राक्षा खर्जूर कदली पनसाम्र कपित्थकम्।।
नारिकेलेक्ष जंव्वादि फलानि प्रति गृह्यताम्।।
ऋतु फलानि समर्पयामि नमः।।

ताम्बूल पुंगीफल—(पान, लौंग, इलायची, सुपारी) चढ़ाना।

ॐ तामऽआवह जातवेदो लक्ष्मीमनपगामिनीम्।।
यस्यां हिरण्यं प्रभूतिं गावो दास्योश्वान्विन्देयं पुरुषानहम्।।
ॐ सप्तास्या सन्परिधयस्त्रिः सप्त समिधः कृताः।।
देवाय यज्ञं तन्वाना ऽ अवघ्नं पुरुषं पशुम्।।
एला लवङ्ग कस्तूरी कर्पूरैः पुष्पवासितां।।
वीटिका मुख वासार्थमर्पयामि सुरेश्वरि!

दक्षिणा

ॐ हिरण्यगर्भः समवर्तताग्रे भूतस्य जाता पतिरेक ऽ आसीत्।।
सदाधार पृथ्वींद्यामुतेमां कस्मै देवाय हविषा विधेम।।
पूजा फल समृध्यर्थं तवाग्रे स्वर्णमीश्वरीः।।

स्थापितं तेन मे प्रीता पूर्णान्कुरु मनोरथाम्।।

ध्यानम्

दुर्गे स्मृता हरषि भीतिमशेष जन्तोः
स्वस्थैः स्मृता मति-मतीव-शुभां ददासि।।
दारिद्र्य दुःख भय हारिणि का त्वदन्या
सर्वोपकार करणाय सदार्द्र चित्ता।।
इति नत्वा।।
ॐ देव, आयान्तु यातुधाना अपयान्तु।।
दुर्गे! देवि! यजनं रक्षस्वेति भूमो प्रादेशं कृत्वा प्रणमेत्।।

अथाग्न्युत्तारण विधि

तत्र तावत्साचार्यो यजमानः।।

देश कालौसंकीर्त्य।।

अस्यः स्वर्णमयीं श्री दुर्गा प्रतिमायाः घटनादि दोर्ष परिहारार्थ अग्न्युत्तारण पूर्वकं प्राण प्रतिष्ठां करिष्ये

मूर्ति घृतेनाभ्यज्य।।

तद्रुपरि दुग्ध मिश्रित जलधारां कुर्यात् पातयेद्वा।।

देश काल आदि को कहते हुए यहां पहले दुर्गा की मूर्ति को गढ़ते समय रह गये दोषों को दूर करते हैं। इसके लिए उसकी अग्नि उत्तारण के बाद प्राणप्रतिष्ठा की जाती है। मूर्ति में घी लगाकर उस पर दूध मिले पानी की धार डाली जाती है।

अग्न्युत्तारणमन्त्राः

ॐ समुद्रस्यत्वा व्वकयाग्ने परिव्यामासि ।।
पावकोऽअस्मभ्य ७ शिवोभव।।
हिमस्य त्वा जरायुणाग्ने परिव्यामसि।।
पावकोऽसुस्मभ्य ७ शिवोभव।।
ॐ उपज्मन्नुपवेतसे वतर नदीष्वा।।
अग्ने पितमयामसि मण्डूकिताभिरागहि।।
सेमन्नो यज्ञ पापक वर्ण ७ शिवकृधि।।
ॐ अपामिदं न्ययन ७ समुद्रस्य निवेशनम्।।
अन्यांस्तेऽअसम्मत्त पन्तु हेतयः।।
पावको सस्मम्य ७ शिवोभव।।
ॐ अग्ने पावक रोचिषामन्दया देवजिध्वया।।
आदेवान्व क्षियक्षि च।।
ॐ सनः पावकदीदिर्वाग्ने देवां २ ऽहूहावह।।
उपयज्ञ ७ हविश्च नः।।
ॐ पावक या यश्चितयन्त्वा कृपाक्षामन्रुरुचऽउषसोनु भानुना।।
तूर्वन्नया मन्नेतशस्य नूरणऽआयो घृणेनत तृषाणोऽअजरः।।
ॐ नमस्ते हरसेशोचिषे नमस्ते ऽ अरत्त्वर्चिषे
अन्यांस्ते असमत्तपन्तु हेतयः पावको अस्वभ्य ७ शिवोभवः
ॐ नृषदेव्वेड्प्सुषदेव्वेड् वहिंषदेव्वेड् वन सदेव्वेड् श्र्वावदेव्वेट्।।

ॐ ये देवा देवानां यज्ञि यायज्ञिया ॐ सवत्सरीण मुपभाग मासते।

आहुतादोह विषोयज्ञं ऽ अस्मिन्तस्वयं पिबन्तु मधुनोघृतस्य।।

ॐ ये देवा देवेव्वाधि देवत्वमा यन्ये ब्रह्मणः पुरएतारोऽअस्य।।

येभ्यो नऽऋते पवतेधाम किञ्चन नतेदिवोन पृथिव्या ऽ आधिस्नुषु।।

ॐ प्राणदाऽअपानदा व्यानदा ध्वर्चोदा वरिवोदाः।।

अन्योस्तेऽअस्मत्तपन्तुहेतयः पावकोऽअस्मभ्य ॐ शिवोभव।।

ततः प्राण-प्रतिष्ठां कुर्यात्।।

ॐ आं ह्रीं क्रीं यं रं लं वं शं षं सं हं लं क्षं हं सः सोहम अस्याः श्री दुर्गा प्रतिमायाः प्राणा इह प्राणाः।।

ॐ आं ह्रीं क्रीं यं रं लं वं शं षं सं हं लं क्षं हं सः सोहम् अस्या श्री दुर्गा प्रतिमायः जीव इह स्थित।।

ॐ आं ह्रीं क्रीं यं रं लं वं शं षं सं हं जं क्षं हं सः सोहम् अस्याः श्री दुर्गा प्रतिमायाः सर्वेन्द्रिपाविवाङ् मनस्वत्वक् चक्षुः स्त्रोतं जिह्वाघ्राण पाणिं पाद पायूपस्थानि इहैवागत्य सुखं चिर तिष्ठन्तु स्वाहाति।।

ॐ मनोजूतिर्जुषतामाजस्य बृहस्पतिर्यज्ञ मिमन्तनोत्वरिष्टं यज्ञ ॐ समिमन्दधातु।।

विश्वेदेवासऽइहमादयन्तामो ३ प्रतिष्ठ।।

ॐ एषवै प्रतिष्ठां नामयज्ञो ययैतेन यज्ञे न यजन्ते सर्वमेव प्रतिष्ठिम्भवति।।

इति प्रतिष्ठाप्य।।

अथ नेत्रान्मीलनम्।।

ॐ वृत्तस्यासि कनीनकश्चक्षुर्दाऽअसिचक्षुसर्यैदेहि।।

गंधादि पंचोपचायन्दत्वा संस्कार सिद्धये षोडश प्रणवावृत्तिं कुर्यात्।।

अनेन अस्याः श्री दुर्गा प्रतिमायाः गर्भाधानादि षोडश संस्कारान्संपादयामि।।

इति वदेत्।।

ततः श्री दुर्गा प्रतिमां प्रधान कलशोपारंघृत्वा षोडशोपचारैः पंचोपचारैः यथोपचारैर्वा पूजयेत्।।

हाथों में पुष्प ले ध्यान करें

ॐ जटाजूट समायुक्तामर्द्धेन्दु कृत लक्षणाम्।।
लोचनत्रय संयुक्ताम्पद्मेन्दु सदृशाननाम्।।
अवसीपुष्प वर्णाभां सुप्रतिष्ठां सुलोचनाम्।।
नवयौवन संपन्नां सर्वाभरण भूषिताम्।।
सुचारु वदनां तद्वत्पीनोन्नत पयोधराम्।।
त्रिभंगस्थान संस्थान महिषासुर मर्दिनीम्।।
त्रिशलं दक्षिणेदद्यात्खड्ग चक्रं क्रमादधः।।
तीक्ष्ण वाण ता शक्ति वामतोपि निबोधतः।।
खेटकं पूर्ण चापं च पाशमंकुशमूध्वजम्।
घंटां वा परशुं वापि वामतः सन्निवेदयेत्।।
अधस्तान्महिषं तद्वद्विशरस्कं प्रदर्शयेत्।
शिरश्छेदोद्भवंतद्वद्दनवं खड्ग पाणिनम्
हृदिशूलेन निर्भिन्नं निर्दयन्त्य विभूषितम्।
रक्त रक्ती कृताङ्गश्च रक्त विस्तारिते क्षणम्।।
वेष्टित नागपाशेन भृकुटी भीषणाननाम्।
सपाश वामहस्तेन धृतकेशं च दुर्गया।।
वमद्रुधिरक्यञ्च देव्याः सिंह प्रदर्शयेत्।
देव्यास्तु दक्षिणं पादं समं सिंहोपरि स्थितम्।।
किं चिंदूर्ध्वं तथा वाममंगुष्ठो महिषोपरि।
स्तूयमानञ्च तद्रूपममरैः सन्निवेशयेत्।

उक्त पढ़ कर हाथ में लिये पुष्प कलश पर रखी मूर्ति पर चढ़ायें।

पुनः हाथों में पुष्प लेकर प्रार्थना करें–

ॐ महिषघ्नीं महादेवी कुमारीं सिंह वाहिनीम्।
दानवांस्तर्जन्तीञ्च सर्व काम दुधां शिवाम्।।
ध्यायामि मनसा दुर्गां नाभि मध्ये व्यवस्थिताम्।।
आगच्छ वरदे! देवि! दैत्य दर्प विपातिनि।।
पूजां गृहाण सुमुखि! नमस्ते शंकर प्रिये।।
सर्व तीर्थमयं वारि सर्व देव समन्वितम्।।
इमं घट समागच्छ तिष्ठ देवगणैः सह।

दुर्गे! देवि! समागच्छ सान्निध्यमिह कल्पय।।
बलि पूजां गृहाणत्वमष्टाभिः शक्तिभिः सह।
अस्मिन् घटे समागच्छ स्थितिमत्कृपया कुरु।।
रक्षां कुरु सदा भद्रे! विश्वेश्वरि। नमोस्तुते।।
एह्येहि दुर्गे! दुरितौघनाशिनिः।।
प्रचण्ड दैत्यौघ विनाशकारिणीः।।
उमे! महेशार्द्ध शरीरधारिणिः।।
स्थिरा भव त्व मम यज्ञ कर्मणि।
इति देवीं ध्यात्वा मूलाधारात्कुण्डलिनीमुत्थाप्य।।

तयासह शिवेन संयोज्य वायु बीजेन नाशा पुटेन देवी कुसुमाञ्जलावानीय।।

एहि दुर्गे! महाभागे! रक्षार्थं मम सर्वदा।
आवाहयाम्यहं देवि! सर्व कामार्थ सिद्धये।।
इत्यनेन पुष्पांजलि कलशे, यन्मे वा निधाय।।
आत्मानं देवी रूपं विभाव्य पूजयेत्।।

नंवदुर्गा यजनम् (प्रथम शैल पुत्री पूजन)

ॐ भूर्भुवः स्वः शैलपुत्रि! इहागच्छ इह तिष्ठ।
शैलपुत्र्यै नमः शैलपुत्रीमावाहयामि स्थापयामि नमः।।
पद्यादिभिः पूजनम्विधाय।
ॐ जगत्पूज्ये जगद्वन्द्ये सर्व शक्ति स्वरूपिणि।
पूजां गृहाण कौमारि! जगन्मातर्नमोस्तुते।।

द्वितीय ब्रह्मचारिणी पूजन

ॐ भूर्भुवः स्वः ब्रह्मचारिणी। इहा गच्छ इह तिष्ठ।
ब्रह्मचारिण्यै नमः
ब्रह्मचारिणीमावाह्यामि स्थापयामि नमः।
पाद्यादिभिः पूजनम्विधायः।।
ॐ त्रिपुरां त्रिगुणाधारां मार्गज्ञान स्वरूपणीम्।
त्रैलोक्यं वंदिता देवी त्रिमूर्ति पूजयाम्यहम्।।

तृतीय चन्द्रघण्टा पूजन

ॐ भूर्भुवः स्वः चंद्र घण्टे इहा गच्छ इह तिष्ठ ब्रह्मचारिण्यै नमः।

चंद्र घंटाभावाह्यामि स्थापयामि नमः।।
पाद्यादिभि पूजनम्बिधाय।
ॐ कालिकां तु कलातीतां कल्याण हृदयां शिवाम्।
कल्याण जननीं नित्यं कल्याणीं पूजयाम्यहम्।।

चतुर्थ कूष्माण्डा पूजन

ॐ भूर्भुवः स्वः कूष्माण्ड इहा गच्छ इह तिष्ठ कूष्माण्डायै नमः।
कूष्माण्डामाव ह्यामि स्थापयामि नमः।।
पाद्यादिभिः पूजनम्बिधायः।
ॐ अणिमादि गुणोदारां मकराकार चक्षुषम्।
अनन्त शक्ति भेदां तां कामाक्षीं पूजनाम्यहम्।।

पंचम स्कन्दमाता पूजन

ॐ भूर्भूवः स्वः स्कन्द मातः इह! इहा गच्छ इह तिष्ठस्कन्द मात्रे नमः।
स्कन्द मातरमावाह्यामि स्थापयामि नमः।।
पाद्यादि पूजनम्बिधाय।
चण्डवीरां चण्डमायां चण्ड मुण्ड प्रभञ्जनीम्।
तां नमामि च देवेशीं चण्डिकां पूजयाम्यहम्।।

षष्ठ कात्यायनी पूजन

ॐ भूर्भुवः स्वः कात्यायनि! इहा गच्छ इह तिष्ठ कात्यायन्यै नमः।
कात्यायानीमावाह्यामि स्थापयामि नमः।।
पाद्यादि पूजनम्विधाय।
ॐ सुखानन्द करीं शान्तां सर्व देवैर्नमस्कृताम्।
सर्व भूतात्मिकां देवीं शाम्भवीं पूजयाम्यहम्

सप्तम कालरात्रि पूजन

ॐ भूर्भुवः स्वः कालरात्रिः! इहा गच्छ इह तिष्ठ कालरात्र्यै नमः।
कालरात्रीमावाह्यामि स्थापयामि नमः
पाद्यादि पूजनं विधाय।
चण्डवीरां चण्डमायां रक्तबीज प्रभञ्जनीम्।

तां नमामि च देवेशीं गायत्री पूजयाम्यहम्।।

अष्टम महागौरी पूजन

ॐ भूर्भुवः स्वः महागौरि! इहा गच्छ इह तिष्ठ।
महागौर्यै नमः।
महागौरीमावाह्यामि स्थापयामि नमः।
पाद्यादि पूजनम्विधाय।
ॐ सुन्दरीं स्वर्ण वर्णाङ्गी सुख सौभाग्यदायिनीम्।
सन्तोष जननीं देवीं सुभद्रां पूजयाम्यहम्।।

नवम सिद्धिदा पूजन

ॐ भूर्भुवः स्वः सिद्धिदे! इहा गच्छ इह तिष्ठ सिद्धिदायै नमः।
सिद्धिदां पूजयामि स्थापयामि नमः।
पाद्यादि पूजनं विधाय।
ॐ दुर्गमे! दुस्तरे कार्ये भयदुर्ग विनाशिनि।
पूजयामि सदा भक्त्या दुर्गां दुर्गविनाशिनीम्।।

ज्योति पूजनम्

ॐ भूर्भुवः स्वः आद्यासर्व सुरोजोद्भव तेज स्वरूप श्री दुर्गायै नमः।
ॐ जातदेवदसे सुनवामसो ममरातीयतो निदहाति वेदः।।
सनः पर्षदति दुर्गाणि विश्वानावेच सिन्धुं दुरिता त्याग्निः।
पाद्यादि पूजनं विधाय।

ध्यान

प्रधान साधार विकल्प सत्ता स्वभाव भावाद्भुवन त्रयस्व।
सा विद्यवा व्यक्तमपीह माया ज्योतिः परा पातु जगन्ति नित्यम्

अथ देव्याः कवचम्

ॐ अस्य श्री चण्डीकवचस्य ब्रह्मा ऋषिः, अनुष्टुप छन्दः, चामुण्डा देवता, अंगन्यासोक्तमातरो बीजम् दिग्बन्धदेवतास्तत्त्वम् श्री जगदम्बाप्रीत्यर्थे सप्तशतीपाठांगत्वेन जपे विनियोगः।

ॐ नमश्चण्डिकायै।

मार्कण्डेय उवाच—

ॐ यद्गुह्यं परम लोके सर्वरक्षाकरं नृणाम्।
यन्न कस्यचिदाख्यातं तन्मे ब्रूहि पितामह।।

ब्रह्मोवाच—

अस्ति गुह्यतमं विप्र सर्वभूतोपकारकम्।
देव्यास्तु कवचं पुण्यं तच्छृणुष्व महामुने।।
प्रथमं शैलपुत्री च द्वितीयं ब्रह्मचारिणी।
तृतीयं चन्द्रघण्टेति कूष्माण्डेति चतुर्थकम्।।
पंचमं स्कन्दमातेति षष्ठं कात्यायनीति च।
सप्तमं कालरात्रीति महागौरीति चाष्टमम्।।
नवमं सिद्धिदात्री च नवदुर्गाः प्रकीर्तिताः।
उक्तान्येतानि नामानि ब्रह्मणैव महात्मना।।
अग्निना दह्यमानस्तु शत्रुमध्ये गतो रणे।
विषमे दुर्गमे चैव भयार्ताः शरणं गताः।।
न तेषां जायते किंचिदशुभं रणसंकटे।
नापदं तस्य पश्यामि शोकदुःखभयं न हि।।
यैस्तु भक्त्या स्मृता नूनं तेषां वृद्धिः प्रजायते।
ये त्वां स्मरन्ति देवेशि रक्षसे तान्न सशयः।।
प्रेतसंस्था तु चामुण्डा वाराही महिषासना।
ऐन्द्री गजसमारूढ़ा वैष्णवी गरुड़ासना।।
माहेश्वरी वृषारूढ़ा कौमारी शिखिवाहना।
लक्ष्मीः पद्मासना देवी पद्महस्ता हरिप्रिया।।
श्वेतरूपधरा देवी ईश्वरी वृषवांहना।
ब्राह्मी हंससमारूढ़ा सर्वाभरणभूषिता।।
इत्येता .मातरः सर्वा सर्वयोगसमन्विता।
नानाभरणशोभाढ्या नानारत्नोपशोभिताः।।
दृश्यन्ते रथमारूढा देव्यः क्रोधसमाकुलाः।
शंख चक्रं गदां शक्तिं हलं च मुसलायुधम्।।
खेटकं तोमरं चैव परशुं पाशमेव च।
कुन्तायुधं त्रिशूलं च शाङ्र्गमायुधमुत्तमम्।।
दैत्यानां देहनाशाय भक्तानामभयाय च।
धारयन्त्यायुधानीत्थं देवानां च हिताय वै।।

नमस्तेऽस्तु महारौद्रे महाघोरपराक्रमे।
महाबले महोत्साहे महाभयविनाशिनि।।
त्राहि मां देवि दुष्प्रेक्ष्ये शत्रूणां भयवर्द्धिनि।
प्राच्यां रक्षतु मामैन्द्री आग्नेय्यामग्निदेवता।।
दक्षिणेऽवतु वाराही नैऋत्यां खड्गधारिणी।
प्रतीच्यां वारुणी रक्षेद् वायव्यां मृगवाहिनी।।
उदीच्यां पातु कौमारी ऐशान्यां शूलधारिणी।
ऊर्ध्वं ब्रह्मणि मे रक्षेदधस्ताद् वैष्णवी तथा।।
एवं दश दिशो रक्षेच्चामुण्डा शववाहना।
जया मे चाग्रतः पातु विजया पातु पृष्ठतः।।
अजिता वामपार्श्वे तु दक्षिणे चापराजिता।
शिखामुद्योतिनी रक्षेदुमा मूर्ध्नि व्यवस्थिता।।
मालाधरी ललाटे च भ्रुवौ रक्षेद् यशस्विनी।
त्रिनेत्रा च भ्रुवोर्मध्ये यमघण्टा च नासिके।।
शङ्खिनी चक्षुषोर्मध्ये श्रोत्रयोर्द्वारवासिनी।
कपोलौ कालिका रक्षेत्कर्णमूले तु शांकरी।।
नासिकायां सुगन्धा च उत्तरोष्ठे च चर्चिका।
अधरे चामृतकला जिह्वायां च सरस्वती।।
दन्तान् रक्षतु कौमारी कण्ठदेशे तु चण्डिका।
घण्टिकां चित्रघण्टा च महामाया च तालुके।।
कामाक्षी चिबुकं रक्षेद् वाचं में सर्वमंगला।
ग्रीवायां भद्रकाली च पृष्ठवंशे धनुर्धरी।।
नीलग्रीवा बहिःकण्ठे नलिकां नलकूबरी।
स्कन्धयोः खड्गिनी रक्षेद् बाहू मे वज्रधारिणी।।
हस्तयोर्दण्डिनी रक्षेदम्बिका चांगुलीषु च।
नखांछूलेश्वरी रक्षेत्कुक्षौ रक्षेत्कुलेश्वरी।।
स्तनौ रक्षेन्महादेवी मनः शोकविनाशिनी।
हृदये ललिता देवी उदरे शूलधारिणी।।
नाभौ च कामिनी रक्षेद् गुह्यं गुह्येश्वरी तथा।
पूतना कामिका मेढ्ं गुदे महिषवाहिनी।।
कट्यां भगवती रक्षेज्जानुनी विन्ध्यवासिनी।
जङ्घे महाबला रक्षेत्सर्वकामप्रदायिनी।।

गुल्फयोर्नारसिंही च पादपृष्ठे तु तैजसी।
पादांगुलीषु श्री रक्षेत्पादाधस्तलवासिनी।।
नखान् दंष्ट्राकराली च केशांश्चैवोर्ध्वकेशिनी।
रोमकूपेषु कौबेरी त्वचं वागीश्वरी तथा।।
रक्तमज्जावसामांसान्यस्थिमेदांसि पार्वती।
अन्त्राणि कालरात्रिश्च पित्तं च मुकुटेश्वरी।।
पद्मावती पद्मकोशे कफे चूडामणिस्तथा।
ज्वालामुखी नखज्वालामभेद्या सर्वसन्धिषु।।
शुक्रं ब्रह्माणि मे रक्षेच्छायां छत्रेश्वरी तथा।
अहंकारं मनो बुद्धिं रक्षेन्मे धर्मधारिणी।।
प्राणापानौ तथा व्यानमुदानं च समानकम्।
यज्ञहस्ता च मे रक्षेत्प्राणं कल्याणशोभना।।
रसे रूपे च गन्धे च शब्दे स्पर्शे च योगिनी।
आयू रक्षतु वाराही धर्म रक्षतु वैष्णवी।।
यशः कीर्तिं च लक्ष्मीं च धनं विद्यां च चक्रिणी।
गोत्रमिन्द्राणि मे रक्षेत्पशून्मे रक्ष चण्डिके।।
पुत्रान् रक्षेन्महालक्ष्मीर्भार्यां रक्षतु भैरवी।
पन्थानं सुपथा रक्षेन्मार्गं क्षेमकरी तथा।।
राजद्वारे महालक्ष्मीर्विजया सर्वतः स्थिता।
रक्षाहीनं तु यत्स्थानं वर्जितं कवचेन तु।
तत्सर्वं रक्ष मे देवि जयन्ती पापनाशिनी।।
पदमेकं न गच्छेतु यदीच्छेच्छुभमात्मनः।
कवचेनावृतो नित्यं यत्र यत्रैव गच्छति।।
तत्र तत्रार्थलाभश्च विजयः सार्वकार्मिकः।
यं यं चिन्तयते कामं तं तं प्राप्नोति निश्चितम्।।
परमैश्वर्यमतुलं प्राप्स्यते भूतले पुमान्।
निर्भयो जायते मर्त्यः संग्रामेष्वपराजितः।।
त्रैलोक्ये तु भवेत्पूज्यः कवचेनावृतः पुमान्।।
इदं तु देव्याः कवचं देवानामपि दुर्लभम्।
यः पठेत्प्रयतो नित्यं त्रिसन्ध्यं श्रद्धयान्वितः।।
दैवी कला भवेत्तस्य त्रैलोक्येष्वपराजितः।
जीवेद् वर्षशतं साग्रमपमृत्युविवर्जितः।।

नश्यन्ति व्याधयः सर्वे लूताविस्फोटकादयः।
स्थावरं जंगमं चैव कृत्रिमं चापि यद्विषम्।।
अभिचाराणि सर्वाणि मन्त्रयन्त्राणि भूतले।
भूचराः खेचराश्चैव जलजाश्चोपदेशिका।।
सहजा कुलजा माला डाकिनी शाकिनी तथा।
अनतरिक्षचरा घोरा डाकिन्यश्च महाबलाः।।
ग्रहभूतपिशाचाश्च यक्षागन्धर्वराक्षसाः।
ब्रह्मराक्षसवेतालाः कूष्माण्डा भैरवादयः।।
नश्यन्ति दर्शनात्तस्य कवचे हृदि संस्थिते।
मानोन्नतिर्भवेद् राज्ञस्तेजोवृद्धिकरं परम्।।
यशसा वर्द्धते सोऽपि कीर्तिमण्डितभूतले।
जपेत्सप्तशतीं चण्डीं कृत्वा तु कवचं पुरा।।
यावद्भूण्डलं धत्तो सशैलवनकाननम्।
तावत्तिष्ठति मेदिन्यां सन्ततिः पुत्रपौत्रिकी।।
देहान्ते परमं स्थानं यत्सुरैरपि दुर्लभम्।
प्राप्नोति पुरुषो नित्यं महामायाप्रसादतः।।
लभते परमं रूपं शिवेन सह मोदते ॐ।।

अथार्गलास्तोत्रम्

ॐ अस्य श्री अर्गलास्तोत्रमन्त्रस्य विष्णुऋषिः अनुष्टुप् छन्दः श्री महालक्ष्मीर्देवता श्री जगदम्बाप्रीतये सप्तशतीपाठांगत्वेन जपे विनियोगः

ॐ नमश्चण्डिकायै।

मार्कण्डेय उवाच—

ॐ जयन्ती मंगला काली भद्रकाली कपालिनी।
दुर्गा क्षमा शिवा धात्री स्वाहा स्वधा नमोस्तु ते।।
जय त्वं देवि चामुण्डे जय भूतार्तिहारिणि।
जय सर्वगते देवि कालरात्रि नमोस्तु ते।।
मधुकैटभविद्राविविधातृवरदे नमः।
रूपं देहि जयं देहि यशो देहि द्विषो जहि।।
महिषासुरनिर्णाशि भक्तानां सुखदे नमः।
रूपं देहि जयं देहि यशो देहि द्विषो जहि।।
रक्तबीजवधे देवि चण्डमुण्डविनाशिनि।

रूपं देहि जयं देहि यशो देहि द्विषो जहि।।
शुम्भस्यैव निशुम्भस्य धूम्राक्षस्य च मर्दिनि।
रूपं देहि जयं देहि यशो देहि द्विषो जहि।।
वन्दिताङ्घ्रियुगे देवि सर्वसौभाग्यदायिनि।
रूपं देहि जयं देहि यशो देहि द्वषो जहि।।
अचिन्त्यरूपचरिते सर्वशत्रुविनाशिनि।
रूपं देहि जयं देहि यशो देहि द्वषो जहि।।
नतेभ्यः सर्वदा भक्त्या चण्डिके दुरितापहे।
रूपं देहि जयं देहि यशो देहि द्वषो जहि।।
स्तुवद्भ्यो भक्तिपूर्वंत्वां चण्डिके व्याधिनाशिनी।
रूपं देहि जयं देहि यशो देहि द्वषो जहि।।
चण्डिके सततं ये त्वामर्चयन्तीह भक्तितः।
रूपं देहि जयं देहि यशो देहि द्विषो जहि।।
देहि सौभाग्यमाराग्यं देहि मे परमं सुखम्।
रूपं देहि जयं देहि यशो देहि द्विषो जहि।।
विधेहि द्विषता नाशं विधेहि बलमुच्चकैः।
रूपं देहि जयं देहि यशो देहि द्विषो जहि।।
विधेहि देवि कल्याणं विधेहि परमां श्रियम्।
रूपं देहि जयं देहि यशो देहि द्विषो जहि।।
सुरासुरशिरोत्ननिघृष्टचरणोऽम्बिके।
रूपं देहि जयं देहि यशो देहि द्विषो जहि।।
विद्यावन्तं यशस्वन्तं लक्ष्मीवन्तं जनं कुरु।
रूपं देहि जयं देहि यशो देहि द्विषो जहि।।
प्रचण्डदैत्यदर्पघ्ने चण्डिके प्रणताय मे।
रूपं देहि जयं देहि यशो देहि द्विषो जहि।।
चतुर्भुजे चतृर्वक्त्रसंस्तुते परमेश्वरि।
रूपं देहि जयं देहि यशो देहि द्विषो जहि।।
कृष्णेन संस्तुते देवि शश्वद्भक्त्या सदाम्बिके।
रूपं देहि जयं देहि यशो देहि द्विषो जहि।।
हिमाचलसुतानाथसंस्तुते परमेश्वरि।
रूपं देहि जयं देहि यशो देहि द्विषो जहि।।
इन्द्राणीपतिसद्भावपूजिते परमेश्वरि।

रूपं देहि जयं देहि यशो देहि द्विषो जहि।।
देवि प्रचण्डदोर्दण्डदैत्यदर्पविनाशिनि।
रूपं देहि जयं देहि यशो देहि द्विषो जहि।।
देवि भक्तजनोद्दामदत्तानन्दोदयेऽम्बिके।
रूपं देहि जयं देहि यशो देहि द्विषो जहि।।
पत्नीं मनोरमां देहि मनोवृत्तानुसारिणीम्।
तारिणीं दुर्गसंसारसागरस्य कुलोद्भवाम्।।
इदं स्तोत्रं पठित्वा तु महास्तोत्रं पठेन्नरः।
स तु सप्तशतीसंख्यावरमाप्नोति सम्पदाम् ॐ।।

अथ कीलकम्

ॐ अस्य कीलकमन्त्रस्य शिव ऋषिः, अनुष्टुप् छन्दः श्री महासरस्वती देवता, श्री जगदम्बाप्रीत्यर्थं सप्तशतीपाठांगत्वेन जपे विनियोगः

ॐ नमश्चण्डिकायै।।

मार्कण्डेय उवाच–

ॐ विशुद्धज्ञानदेहाय त्रिवेदीदिव्यचक्षुषे।
श्रेयः प्राप्तिनिमित्ताय नमः सोमार्धधारिणे।।
सर्वमेतद्विजानीयान्मन्त्राणामभिकीलकम्।
सोऽपि क्षेममवाप्नोति सततं जाप्यतत्परः।।
सिद्ध्यन्त्युच्चाटनादीनि वस्तूनि सकलान्यपि।
एतेन स्तुवतां देवी स्तोत्रमात्रेण सिद्ध्यति।।
न मन्त्रो नौषधं तत्र न किन्चिदपि विद्यते।
विना जाप्येन सिद्ध्येत सर्वमुच्चाटनादिकम्।।
समग्राण्यपि सिद्ध्यन्ति लोकशंकामिमां हरः।
कृत्वा निमन्त्रयामास सर्वमेवमिदं शुभम्।।
स्तोत्रं वै चण्डिकायास्तु तच्च गुप्तं चकार सः।
समाप्तिर्न च पुण्यस्य तां यथावन्नियन्त्रणाम्।।
सोऽपि क्षेममवाप्नोति सर्वमेवं न संशयः।
कृष्णायां वा चतुर्दश्यामष्टम्यां वा समाहितः।।
ददाति प्रतिगृह्णाति नान्यथैषा प्रसीदति।
इत्थंरूपेण कीलेन महादेवेन कीलितम्।।
यो निष्कीलां विधायैनां नित्यं जपति संस्फुटम्।

स सिद्धः स गणः सोऽपि गन्धर्वो जायते नरः।।
न चैवाप्यटतस्तस्य भयं क्वापीह जायते।
नाण्मृत्युवशं याति मृतो मोक्षमवाप्नुयात्।।
ज्ञात्वा प्रारभ्य कुर्वीत न कुर्वाणो विनश्यति।
ततो ज्ञात्वैव सम्पन्नमिदं प्रारभ्यते बुधैः।।
सौभाग्यादि च यत्किन्चिद् दृश्यते ललनाजने।
तत्सर्वं तत्प्रसादेन तेन जाप्यमिदं शुभम्।।
शनैस्तु जप्यमानेऽस्मिन स्तोत्रे सम्पतिरुच्चकैः।
भवत्येव समग्रापि ततः प्रारभ्ययेव तत्।।
ऐश्वर्यं यत्प्रसादेन सौभाग्यारोग्यसम्पदः।
शत्रुहानिः परो मोक्षः स्तूयते सा नं किं जनैः ॐ।।

अथ तन्त्रोक्तं रात्रिसूक्तम्

ॐ विश्वेश्वरीं जगद्धात्रीं स्थितिसंहारकारिणीम्।
निद्रां भगवती विष्णोरतुलां तेजसः प्रभुः।।

ब्रह्मोवाच–

त्वं स्वाहा त्वं स्वधा त्वं हि वषट्कारः स्वरात्मिका।
स्वधा त्वमक्षरे नित्ये त्रिधा मात्रात्मिका स्थिता।।
अर्धमात्रास्थिता नित्या यानुच्चार्या विशेषतः।
त्वमेव सन्ध्या सावित्रीं त्वं देवि जननी परा।।
त्वयैतद्धार्यते विश्वं त्वैतत्सृज्यते जगत्।
तव्यैतपाल्यते देवि त्वमत्स्यन्ते च सर्वदा।
विसृष्टौ सृष्टिरूपा त्वं स्थितिरूपा च पालने।।
तथा संहृतिरूपान्ते जगतोऽस्य जगन्मये।
महाविद्या महामाया महामेधा महास्मृतिः।
महामोहा च भवती महादेवी महेश्वरी।।
प्रकृतिस्त्वं व सर्वस्य गुणत्रयविभाविनी।
कालरात्रिर्महारात्रिर्मोहरात्रिश्च दारुणा।।
त्वं श्रीस्त्वमीश्वरी त्वं ह्रीस्त्वं बुद्धिर्बोधलक्षणा।
लज्जा पुष्टिस्तथा तुष्टिस्त्वं शान्तिः क्षान्तिरेव च।।
खड्गिनी शूलिनी घोरा गदिनी चक्रिणी तथा।
शंखिनी चापिनी बाणभुशुण्डीपरिघायुधा।।

सौम्या सौम्यतराशेषसौम्येभ्यस्त्वतिसुन्दरी।
परापराणां परमा त्वमेव परमेश्वरी।।
यच्च किंचित् क्वचिद्वस्तु सदसद्वाखिलात्मिके।
तस्य सर्वस्य या शक्तिः सा त्वं किं स्तूयसे तदा।।
यया त्वया जगत्स्रष्टा जगत्पात्यत्ति यो जगत्।
सोऽपि निद्रावशं नीतः कस्त्वां स्तोतुमिहेश्वरः।।
विष्णुः शरीरग्रहणमहमीशान एव च।
कारितास्ते यतोऽतस्त्वां कः स्तोतुं शक्तिमान् भवेत्।।
सा त्वमित्थं प्रभावैः स्वैरुदारैर्देवि संस्तुता।
मोहयैतौ दुराधर्षावसुरौ मधुकैटभौ।।
प्रबोधं च जगत्स्वामी नीयतामच्युतो लघु।
बोधश्च क्रियतामस्य हन्तुमेतौ महासुरौ।।

चण्डी शाप विमोचनम्

ॐ अस्य श्री चण्डीशाप विमोचन मंत्रस्य वसिष्ठ नारद सामवेदाधि पति ब्राह्मणः ऋषयः सर्वैश्वर्य कारिणी श्री दुर्गा देवता अनुष्टुपछन्दः चरितत्रयं बीजं ह्रीं शक्तिः देवी रूपिणी चण्डी शाप विमोचन विनियोगः।

(जल छोड़ दें)

ॐ रीं रेतः स्वरूपायै मधु कैटभ मर्दिन्ये ब्रह्म शाप विमुक्ता भव।

ॐ वीं बुद्धि रूपिण्यै महिषासुर सैन्य नाशिन्यै ब्रह्म शाप विमुक्ता भव।

ॐ रक्त रूपिण्यै महिषासुर मर्दिन्यै ब्रह्म शाप विमुक्ता भव।

ॐ क्षुं क्षुधा रूपिण्यै देव नन्दिन्यै ब्रह्म शाप विमुक्ता भव।

ॐ छां छाया रूपिण्यै इह संवादिन्यै ब्रह्म शाप विमुक्ता भव।

ॐ श्रीं शक्ति रूपिण्यै धूम्र लोचनघातिन्यै ब्रह्म शाप विमुक्ता भव।

ॐ तृं तृष्णा रूपिण्यै चंड मुंड बध कारिण्यै ब्रह्म शाप विमुक्ता भव।

ॐ क्षां क्षान्ति रूपिण्यै रक्तबीज बध ब्रह्म शाप विमुक्ता भव।

ॐ जां जाति रूपिण्यै निशुंभ वध कारिण्यै ब्रह्म शाप विमुक्ता भव।

ॐ लं लज्जा रूपिण्यै शंभु वध कारिण्यै ब्रह्म शाप विमुक्ता भव।

ॐ शां शांति रूपिण्यै देव स्तुत्यै ब्रह्म शाप विमुक्ता भव।

ॐ श्रं श्रद्धा रूपिण्यै फलदात्र्यै ब्रह्म शाप विमुक्ता भव।

ॐ कां कान्ति रूपिण्यै राज वर दात्र्यै ब्रह्म शाप विमुक्ता भव।

ॐ मां मातृ रूपिण्यै अर्गला सहितायै ब्रह्म शाप विमुक्ता भव।

ॐ श्रीं ह्रीं दुर्गायै सर्वैश्वर्य कारिण्यै ब्रह्म शाप विमुक्ता भव।

ॐ क्लीं ह्रीं नमः शिवायै अभेद कवच रूपिण्यै ब्रह्म शाप विमुक्ता भव।

ॐ काल्यै कालि ह्रीं फट् स्वाहायै ऋग्वेद रूपिण्यै ब्रह्म शाप विमुक्ता भव।

इत्येवं हि महामंत्रान् पठित्वा परमेश्वरि।

चण्डी पाठं दिवारात्रौ कुर्यादेवं न संशयः।।
एवं मंत्रं न जानाति चंडी पाठं करोति यः।
आत्मनश्चैव दातृणां क्षयं कुर्यान्न संशय।।

शापोद्धार मन्त्र

"ॐ ह्रीं क्लीं श्रीं क्रां क्रीं चंडिके देवि शापानुग्रहं कुरु कुरु स्वाहा" ७ बार जपें।

उत्कीलन मन्त्र

ॐ श्रीं क्लीं ह्रीं सप्तशति चंडिके उत्कीलनं कुरु स्वाहा।। २१ बार जपें।

नवार्ण मंत्र विधि

श्री गणपतिर्जयति। ॐ अस्य श्री नवार्ण मन्त्रस्य ब्रह्म विष्णु रुद्रा ऋषयः गायत्र्युष्णिगनुष्टपश्छंदांसि, श्री महाकाली महालक्ष्मी महासरस्वत्यो देवताः ऐं बीजम्, ह्रीं शक्तिः क्लीं कीलकम्, श्री महाकाली महालक्ष्मी महासरस्वती प्रीत्यर्थे जपे विनियोगः।।

ऋष्यादि न्यास

ॐ ब्रह्म विष्णु रुद्र ऋषिभ्यो नमः शिरसि (दायां हाथ से सिर स्पर्श करें)।

ॐ गायत्र्युष्णिगनुष्टुप्छन्देभ्यो नमः मुखे (दाएं हाथ से मुख स्पर्श करें)।

महाकाली महालक्ष्मी महासरस्वती देवताभ्यो नमः हृदि (दाएं हाथ से हृदय स्पर्श करें)।

ऐं बीजाय नमः गुह्ये (दाहिने हाथ से गुदा भाग का स्पर्श करें)।

ह्रीं शक्तये नमः पादयोः (दोनों पांवों का स्पर्श करें)।

क्लीं कीलकाय नमः नाभौ (नाभि का स्पर्श दाहिने हाथ से करें)।

ॐ ऐं ह्रीं क्लीं चामुण्डायै विच्चै मूलेन करो संशोध्य (हाथों को मलें)।

करन्यास

ॐ ऐं अंगुष्ठाभ्यां नमः (दोनों हाथों की तर्जनी से अंगूठों का स्पर्श करें)।

ॐ ह्रीं तर्जनीभ्यां नमः (दोनों हाथों के अंगूठों से तर्जनी का स्पर्श करें)

ॐ क्लीं मध्यमाभ्यां नमः (दोनों हाथ के अंगूठों से मध्यमा का स्पर्श करें।)

ॐ चामुण्डायै अनामिकाभ्यां नमः (दोनों हाथों के अंगूठों से अनामिका का स्पर्श करें)।

ॐ विच्चे कनिष्ठिकाभ्यां नमः (दोनों हाथों के अंगूठों से कनिष्ठि का का स्पर्श करें)।

ॐ ह्रीं क्लीं चामुण्डायै विच्चे करतल कर पृष्ठाभ्यां नमः (हेथेलियों व पृष्ठ भाग का स्पर्श करें)।

हृदयादि न्यास

ॐ ऐं हृदयाय नमः (दाहिने हाथ की पांचों उंगलियों से हृदयादि अंगों का क्रमानुसार स्पर्श करें। हृदय का स्पर्श करें)।

ॐ ह्रीं शिरसे स्वाहा (सिर का स्पर्श)

ॐ क्लीं शिखायै वषट् (शिखा का स्पर्श)

ॐ चामुण्डायै कवचाय हुम् (दाहिने हाथ की उंगलियों से बाएं कंधे की ओर बाएं हाथ से दाहिने कंधे का एक साथ स्पर्श करें)।

ॐ विच्चे नेत्र त्रयाय वौषट् (दाहिने हाथ की उंगलियों के अग्र भाग से ललाट के मध्य भाग का स्पर्श करें)।

ॐ ऐं ह्रीं क्लीं चामुण्डायै विच्चे अस्त्राय फट् (दाहिने हाथ को सिर के ऊपर से बायीं ओर से पीछे की ओर ले जाकर दाहिनी ओर से आगे की ओर ले आयें और तर्जनी तथा मध्यमा उंगलियों से बाएं हाथ की हथेली पर ताली बजायें।)

अक्षर न्यास

ॐ ऐं नमः शिखायाम (दाहिने हाथ की उंगलियों से आदेशानुसार अंग स्पर्श करें—शिखा चोटी का स्पर्श)

ॐ ह्रीं नमः दक्षिण नेत्रे

ॐ क्लीं नमः वाम नेत्रे
ॐ चां नमः दक्षिण कर्णे
ॐ मुं नमः वाम कर्णे
ॐ डां नमः दक्षिण नासा पुटे
ॐ यैं नमः वाम नासा पुटे
ॐ विं नमः मुखे
ॐ च्चें नमः गुह्ये

एवं वन्यस्याष्टवार मूलेन व्यापकं कुर्यात् (उक्त न्यास करके मूल मन्त्र से आठ बार व्यापक दोनों हाथों से सिर से पैर तक के सब अंगों का स्पर्श करें–)

मूल–"ॐ ऐं ह्रीं क्लीं चामुण्डायै विच्चै"

दिङ् न्यास–(प्रत्येक दिशा में चुटकी बजाते हुए)

ॐ ऐं प्राच्यै नमः।
ॐ ऐं आग्नेभ्यै नमः।
ॐ ह्रीं दक्षिणायै नमः।
ॐ ह्रीं नैर्ऋत्यै नमः।
ॐ क्लीं प्रतीच्यै नमः।
ॐ क्लीं वायव्यै नमः।
ॐ चामुण्डायै उदीच्यै नमः।
ॐ चामुण्डायै एशान्यै नमः।
ॐ ऐं ह्रीं क्लीं चामुण्डायै विच्चे ऊर्ध्वायै नमः।
ॐ ऐं ह्रीं क्लीं चामुण्डायै विच्चे भूम्यै नमः।

ध्यान

खड्गं चक्र गदेषुचापपरिघाञ्छूलं भुशुण्डीं शिरः।
शंखं संदधतीं करैस्त्रिनयनां सर्वाङ्गभूषावृताम्
नीलाश्मद्युतिमस्य पाद दशकां सेवे महाकालिकां।
यामस्तोत्स्वपिते हरौ कमलजो हन्तुं मधुं कैटभम्।।
अक्षस्त्रक्परशुं गदेषुकुलिशं पद्मं धनुः कुण्डिकां
दण्डं शक्ति मसिं च चर्म जलजं घण्टां सुराभाजनम्
शूलं पाश सुदर्शने च दधतीं हस्तैः प्रसन्नाननां।
सेवे सैरिभमर्दिनीमिह महालक्ष्मीं सरोजस्थिताम्।।

घण्टाशूलहलानि शंखमुसले चक्रं धनुः सायकं।।
हस्ताब्जैर्दधतीं घनान्त विलसच्छीतांशुतुल्य प्रभाम्।
गौरीदेहसमुद्भवां त्रिजगतामाधार भूता महा।
पूर्वामत्र सरस्वती मनुभजे शुम्भादि दैत्यार्दिनीम्।

यहां १०८ बार नवार्ण मन्त्र—'ॐ ऐं ह्रीं क्लीं चामुण्डायै विच्चे जपें।

फिर 'ऐं ह्रीं अक्षमालिकायै नमः' इस मन्त्र से माला की पूजा करके प्रार्थना करें—

ॐ मां माले महामाये सर्वशक्तिस्वरूपिणी।
चतुर्वर्गस्त्वयि न्यस्तस्मान्मे सिद्धिदा भव।।
ॐ अविघ्नं कुरु माले त्वं गृह्णामि दक्षिणे करे।
जप माले च सिद्ध्यर्थं प्रसीद मम सिद्धये।।

ॐ अक्ष मालाधिपतये सुसिद्धिं देहि देहि सर्वमन्त्राणि साधिनि साधय-साधय सर्वसिद्धिं परिकल्पय परिकल्पय मे स्वाहा।

अब नवार्ण मंत्र का एक माला जाप करें—और

गुह्यातिगुह्यगोप्त्री त्वं गृहाणास्मत्कृतं जपम्।
सिद्धिर्भवतु मे देवि त्वत्प्रसादान्महेश्वरि।।

इसे पढ़कर देवी के बाएं हाथ में जप निवेदन करें।

नवार्ण विधि

श्री गणपतिर्जयति।।

ॐ अस्य श्रीनवार्णमन्त्रस्य ब्रह्मविष्णुरुद्रा ऋषयः गायत्र्युष्णिगनुष्टुभश्छन्दांसि श्री महाकाली महालक्ष्मी महासरस्वत्यो देवताः नन्दा शाकम्भरी भीमाः शक्तयः रक्तदन्तिका दुर्गा भ्रामर्यो बीजानि अग्नि वायु सूर्यास्तत्वानि ऋग्यजु सामवेदाः ध्यानानि श्री महाकाली महालक्ष्मी महासरस्वती प्रीत्यर्थं जपे विनियोगः।।

(उपर्युक्त मन्त्र हाथ में जल लेकर पढ़ें, विनियोगः कहकर जल छोड़ दें)

ऋष्यादि न्यासः

ॐ ब्रह्म विष्णु रुद्र ऋषिभ्यो नमः। शिरसि (दाहिने हाथ से सिर का स्पर्श करें)

ॐ गायत्र्युष्णिगनुष्टुप्छन्दोभ्यो नमः। मुखे (दाहिने हाथ से मुंह को स्पर्श करें)

ॐ महाकाली महालक्ष्मी महासरस्वती देवातभ्यो नमः। हृदि (हृदय को स्पर्श करें)

ॐ नंदा शाकम्भरी भीमाः शक्तिभ्यो नमो दक्षिणस्तने (दाहिने स्तन का स्पर्श करें)

ॐ रक्त दन्तिका दुर्गा भ्रामरी बीजेभ्यो नमो वामत्तने (बाएं स्तन का स्पर्श करें)

ॐ अग्नि वायु सूर्य तत्वेभ्यो मनो नाभौ (नाभि का स्पर्श करें) इति ऋत्यादि न्यासः।।

अथवा

ऐं बीजम् ह्रीं शक्तिः क्लीं कीलकम्

ॐ ऐं बीजाय नमो गुह्ये (गुप्तांग स्पर्श)

ॐ ह्रीं शक्तये नमः पादयोः (पैरों का स्पर्श)

ॐ क्लीं कीलकाय नमः नाभौ (नाभि का स्पर्श)

इस न्यास से मनुष्य देवी रूप को प्राप्त करता है।

सारस्वत न्यास

ॐ ऐं ह्रीं क्लीं नमः कनिष्ठयोः (दोनों हाथों की कनिष्ठिका का अग्रभाग अंगुष्ठ से स्पर्श करें)

ॐ ऐं ह्रीं क्लीं नमः अनामिकयोः (दोनों अंगुष्ठ से अनामिका का अग्रभाग स्पर्श करें)।

ॐ ऐं ह्रीं क्लीं नमः मध्यमयोः (अंगुष्ठों से मध्यमा का अग्रभाग स्पर्श करें)।

ॐ ऐं ह्रीं क्लीं नमः तर्जन्यो (अंगुष्ठों से तर्जनी का अग्रभाग स्पर्श करें)।

ॐ ऐं ह्रीं क्लीं नमः कर तलयोः (परस्पर हथेली का स्पर्श करें)।

ॐ ऐं ह्रीं क्लीं नमः कर पृष्ठयोः (परस्पर हथेली का पृष्ठभाग स्पर्श करें)।

ॐ ऐं ह्रीं क्लीं नमः मणिबन्धयोः (मणिबन्ध का परस्पर स्पर्श करें)।

ॐ ऐं ह्रीं क्लीं नमः कर्पूरयोः (भुजा स्पर्श परस्पर करें)।

ॐ ऐं ह्रीं क्लीं नमः हृदयो (दाहिने हाथ की पांचों उंगलियों, अंगुष्ठ सहित से, हृदय का स्पर्श करें)।

ॐ ऐं ह्रीं क्लीं नमः शिरसि (दाहिने हाथ से सिर स्पर्श करें)।

ॐ ऐं ह्रीं क्लीं नमः शिखायाम् (दाहिने हाथ से चोटी का स्पर्श करें)।

ॐ ऐं ह्रीं क्लीं नमः कवचे (परस्पर दोनों भुजाओं का स्पर्श करें)।

ॐ ऐं ह्रीं क्लीं नमः अस्त्राय फट् (दाहिने हाथ को सिर पर से घुमाकर बाएं हाथ पर ताली दें या हाथ घुमाकर चिपटी बजायें)।

ॐ ऐं ह्रीं क्लीं नमः पूर्वे (पूर्व दिशा में हाथ जोड़ें)

ॐ ऐं ह्रीं क्लीं नमः आग्नेय (अग्निकोण में हाथ जोड़ें)

ॐ ऐं ह्रीं क्लीं नमः याभ्याम् (याम्य भाग में हाथ जोड़ें)

ॐ ऐं ह्रीं क्लीं नमः नैर्ऋत्य (कोण में हाथ जोड़ें)

ॐ ऐं ह्रीं क्लीं नमः पश्चिमे (पश्चिम दिशा में हाथ जोड़ें)

ॐ ऐं ह्रीं क्लीं नमः वायव्ये (वायव्य दिशा में हाथ जोड़ें)

ॐ ऐं ह्रीं क्लीं नमः उत्तरे (उत्तर दिशा में हाथ जोड़ें)

ॐ ऐं ह्रीं क्लीं नमः ईशान्ये (ईशान दिशा में हाथ जोड़ें)

ॐ ऐं ह्रीं क्लीं नमः ऊर्ध्वे (ऊपर हाथ जोड़ें)

ॐ ऐं ह्रीं क्लीं नमः अधः (पृथ्वी की ओर नीचे हाथ कर जोड़ें)

(इन न्यास से मूर्खता नाश होती है।)

तृतीय मातृका न्यास

ॐ ह्रीं ब्राली पूर्वतः मां पातु।।
ॐ ह्रीं मातेश्वरी आग्नेयां मां पातु।।
ॐ ह्रीं कौमारी दक्षिणे मां पातु।।
ॐ ह्रीं वैष्णवी नैर्ऋत्ये मां पातु।।
ॐ ह्रीं वाराही पश्चिमे मां पातु।
ॐ ह्रीं नारसिंही वायव्यें मां पातु।
ॐ ह्रीं इन्द्राणी उत्तरे मां पातु।
ॐ ह्रीं चामुण्डा ईशान्ये मां पातु।
ॐ ह्रीं व्योमेश्वरी ऊर्ध्वे मां पातु।
ॐ ह्रीं सप्तेश्वरी पाताले मां पातु।

(जिन-जिन दिशाओ का संकेत है, उन्हीं-उन्हीं दिशाओं में नमस्कार करें)।

(इन न्यास के करने से मनुष्य त्रिलोकी को जीतता है)।

षड्देवी न्यास

ॐ कमलाङ्कुश मण्डिता नन्दजा पूर्वाङ्ग मे पातु।
ॐ खड्गपात्र करा रक्त दन्तिका दक्षिणाङ्ग मे पातु।।
ॐ पुष्प पल्लव संयुता शाकम्भरी पृष्ठाङ्ग मे पातु।
ॐ धनुर्बाण करा दुर्गार्ति हारिणी दुर्गा वामाङ्ग मे पातु।।
ॐ शिरः पात्र करा भोमा मस्तकाच्चरणान्तं मे पातु।
ॐ चित्र कान्ति भृद् भ्रामरी चरणाभ्यां शिर पर्यन्तं मे पातु।।

(इस न्यास के करने से वृद्धावस्था व मृत्यु दूर होती है)।

ब्रह्मारूप न्यास

ॐ ब्रह्मा सनातनः पादादि नाभि पर्यन्तं मां पातु।।
ॐ जनार्दनः नाभेर्विशुद्धि पर्यन्तं नित्यं मां पातु।।
ॐ रुद्र स्त्रिलोचनः विशुद्धेर्वह्मरंध्रान्तं मां पातु।।
ॐ हं सः पादद्वयं मे पातु।।
ॐ वैनतेयः कर इय मे पातु।।
ॐ वृषभश्चक्षुषी मे पातु।।
ॐ गजाननः सर्वाङ्गानि मे पातु।।

ॐ सर्वानन्द मयोहरिः परापरौ देहभागौ में पातु।।
(इस न्यास से कामना पूर्ति होती है)।

बीज मन्त्र न्यास

ॐ ऐं नमः शिखायाम्।
ॐ ह्रीं नमः दक्षिण नेत्रे।।
ॐ क्लीं नमः वाम नेत्रे।।
ॐ चां नमः दक्ष कर्णे।।
ॐ मुं नमः वाम कर्णे।।
ॐ डां नमः दक्ष नासापुटे।।
ॐ यै नमः वाम नासा पुटे।।
ॐ विं नमः मुखे।।
ॐ च्चै नमः गुदे।।
(इस न्यास के करने से रोग नाश होता है।)

विलोम बीज न्यास–(इससे सर्व दुःखों का नाश होता है।)

ॐ च्चै नमः गुदे।
ॐ विं नमः मुखे।
ॐ यै नमः वाम नासा पुटे।
ॐ डां नमः दक्ष नासा पुटे।
ॐ मुं नमः वाम कर्णे।
ॐ चां नमः दक्ष कर्णे।
ॐ क्लीं नमः वाम नेत्रे।
ॐ ह्रीं नमः दक्ष नेत्रे।
ॐ ऐं ह्रीं नमः शिखायाम्

षड् न्यास–(इससे तीनों लोक वश में होते हैं।)

ॐ ऐं ह्रीं क्लीं चामुण्डायै विच्चे नमः हृदयाय नमः।
ॐ मूलं ७३ नमः शिरसे स्वाहा।
ॐ मूलं ७३ नमः शिखायै वषट्।
ॐ मूलं ७३ नमः कवचाय हुम्।
ॐ मूलं ७३ नमः नेत्रत्रयाय वौषट्।
ॐ मूलं ७३ नमः अस्त्राय फट्

सप्तशती न्यास

ॐ गणधिपतये नमः।।

ॐ नमंश्चण्डिकायै।।

हाथ में जल लेकर

अथ प्रथम मध्यमोत्तम चरित्राणां ब्रह्मविष्णुरुद्रा ऋषयः श्री महाकाली महालक्ष्मी महासरस्वत्यो देवताः गायत्र्युष्णिगअनुष्टुप छन्दांसि नन्दा-शाकम्भरी भीमाः शक्तयः रक्तदन्तिका दुर्गाभ्रामर्योबीजानि अग्निर्वायुरस्सूर्यस्तत्वानि ऋग्यजुरसामवेदा ध्यानानि सकलकामनासिद्धये श्रीमहाकाली महालक्ष्मी महासरस्वती देवता प्रीत्यर्थे जपे विनियोगः।।

न्यास

खड्गिनी शूलिनीघोरा गदिनी चक्रिणी तथा

शंखिनी चापिनी बाणभुशुण्डीपरिघायुधा।। अंगुष्ठाभ्यां नमः।

शूलेन पाहि नो देवि पाहि खड्गेन चाम्बिके।।

घण्टा स्वनेन नः पाहि चापज्यानि स्वनेन च।। तर्जनीभ्यां नमः।

प्राच्यां रक्षं प्रतीच्यां च चण्डिके रक्ष दक्षिणे।।

भ्रामणेनात्मशूलस्य उत्तरस्यां तथेश्वरि।। मध्यमाभ्यां नमः।

सौम्यानि यानि रूपाणि त्रैलोक्ये विचरन्ति ते।

यानि चात्यर्थ घोराणि तै रक्षाऽस्मांस्तथा भुवम्।। अनामिकाभ्यां नमः।।

खड्गशूलगदादीनि यानि चास्त्राणि तेऽम्बिके।

कर पल्लवसंगीनि तैरस्मान रक्ष सर्वतः।। कनिष्ठिकाभ्यां नमः।

सर्व स्वरूपे सर्वेशे सर्वशक्ति समन्विते।

भयेभ्यस्त्राहिनो देवि दुर्गे देवि नमोऽस्तुते।। करतल कर पृष्ठाभ्यां नमः।।

ॐ खड्गिनी शूलिनी घोरा गदिनी चक्रिणी तथा।

शंखिनी चापिनी बाण भुशुण्डी परिघायुधा।। ह्रदयाय नमः।।

शूलेन पाहि नो देवि पाहि खड्गेन चाम्बिके।

घण्टा स्वनेन नः पाहि चापज्यां त्रानि स्वनेन च।। शिरसे स्वाहा।।

प्राच्यां रक्ष प्रतीच्यां च चण्डिके रक्ष दक्षिणे।।

भ्रामणेनात्मशूलस्य उत्तरस्यां तथेश्वरि।। शिखायै वषट्।।

ॐ सौम्यानि यानि रूपाणि त्रैलोक्ये विचरन्ति ते।।
यानि चात्यर्थ घोराणि तै रक्षास्मांस्तथा भुवम्।। कवचाय हुम्।।
ॐ खड्गशूल गदादीनि यानि चास्त्राणि तेऽम्बिके।
कर पल्लव सङ्गीनि तैरस्मान् रक्ष सर्वतः।। नेत्र त्रयाय वौषट्।।
ॐ सर्वस्वरूपे सर्वेशे सर्वशक्ति समन्विते।
भयेभ्यस्त्राहि नो देवि दुर्गे देवि नमोंस्तुते।। अस्त्राय फट

ध्यान

विद्युद्दामसमप्रभां मृगपतिस्कन्ध स्थितां भीषणां।
कन्याभिः करवालखेटविलसद्धस्तामिरासेविताम्।।
हस्तौश्चक्रगदासिखेटविशिखाश्चाप गुणं तर्जनीं।
विभ्राणामनलात्मिकां शशिधरां दुर्गा त्रिनेत्रा भजे।।

उपसंहार

तेरहों अध्यायों का पाठ हो जाने पर पुनः न्यास ध्यानादि करें—

विनियोग—हाथ में जल लेकर

श्रीगणपतिर्जयति।

ॐ अस्य श्री नर्वाणमन्त्रस्य ब्रह्मविष्णुरुद्रा ऋषयःगायत्र्युष्णिगनुष्टुभश्छन्दांसि, श्रीमहाकाली महालक्ष्मी महासरस्वत्यौ देवताः, ऐं बीजम्, ह्रीं शक्तिः, क्लीं कीलकम् श्रीमहाकाली महालक्ष्मी महासरस्वती प्रीत्यर्थे जपे (पाठे) विनियोगः।। (जल त्याग दें)

ऋष्यादि न्यास

ब्रह्मविष्णुरुद्रऋषिभ्यो नमः शिरसि।
गायत्र्युष्णिगनुष्टुप्छन्दोभ्यो नमः मुखे।
महाकाली महालक्ष्मी महासरस्वती देवाताभ्यो नमः हृदि।
ऐं बीजाय नमः गुह्ये।
ह्रीं, शक्तये नमः पादयोः।
क्लीं कीलकाय नमः नाभौ।
ॐ ऐ ह्रीं क्लीं चामुण्डायै विच्चे करतल कर पृष्ठाभ्यां नमः

कर न्यास

ॐ ऐं अंगुष्ठाभ्यां नमः।
ॐ ह्रीं तर्जनीभ्यां नमः।
ॐ क्लीं मध्यमाभ्यां नमः।
ॐ चामुण्डायै अनामिकाभ्यां नमः।
ॐ विच्चै कनिष्ठिकाभ्यां नमः।
ॐ ऐं ह्रीं क्लीं चामुण्डायै विच्चै करतल कर पृष्ठाभ्यां नमः।

हृदयादि न्यास

ॐ ऐं हृदयाय नमः।
ॐ ह्रीं शिरसे स्वाहा।
ॐ क्लीं शिखायै वषट्।
ॐ चामुण्डायै कवचाय हुम्।
ॐ विच्चै नेत्रत्रयाय वौषट्।
ॐ ऐं ह्रीं क्लीं चामुण्डायै विच्चै अस्त्राय फट्।

अक्षर न्यास

ॐ ऐं नमः शिखायाम्
ॐ ह्रीं नमः दक्षिण नेत्रे
ॐ क्लीं नमः वाम नेत्रे
ॐ चां नमः दक्षिण कर्णे
ॐ मुं नमः वाम कर्णे
ॐ डां नमः दक्षिणनाशापुटे
ॐ यैं नमः वाम नाशापुटे
ॐ विं नमः मुखे
ॐ च्चै नमः गुह्ये
ॐ ऐं ह्रीं क्लीं चामुण्डायै विच्चै सर्वाङ्गे (आठ बार)

दिङ् न्यास

ॐ ऐं प्राच्यै नमः
ॐ ऐं आग्नेय्यै नमः
ॐ ह्रीं दक्षिणायै नमः।

ॐ ह्रीं नैर्ऋत्यै नमः।
ॐ क्लीं प्रतीच्च नमः।
ॐ क्लीं वायव्यै नमः
ॐ चामुण्डायै उदीच्यै नमः।
ॐ चामण्डायै ऐशान्यै नमः।
ॐ ऐं ह्रीं क्लीं चामुण्डायै विच्चै ऊर्ध्वायै नमः।
ॐ ऐं ह्रीं क्लीं चामुण्डायै विच्चै भूम्यै नमः।।

ध्यानम्

खड्गं चक्र गदेषु चाप परिघाञ्छूलं भुशुण्डीं शिरः।
शङ्खं संदधतीं करैस्त्रिनया सर्वाङ्गभूषावृताम्
नीलाश्मद्युतिमास्यपाददशंका सेवे महाकालिकां।
यामस्तौत्स्वपिते हरौ कमलजौ हंतुं मधुं कैटभम्।।
अक्षरस्त्रपरशुं गदेषु कुलिशं पद्मं धनुः कुण्डिकां।
दण्डं शक्ति मसिं च चर्म जलजं घण्टां सुराभाजनम्।
शूलं पाश सुदर्शने च दधतीं हस्तैः प्रसन्नाननां।
सेवे सैरिभमर्दिनीमिह महालक्ष्मीं सरोजस्थिताम्।
घण्टा शूलहलानि शंख मुसले, चक्रं धनुः सायकं।
हस्ताब्जैर्दधतीं घनान्तविलसच्छीतांशुतुल्यप्रभाम्।
गौरीदेह समुद्भवां त्रिजगतामाधार भूतां महा,
पूर्वामत्र सरस्वती मुनभजे शुम्भादि दैत्यार्दिनीम्।।

इस प्रकार न्यास ध्यान करके मनसोपचार से देवी की पूजा करें। फिर १०८ बार नवार्ण मन्त्र का जाप किया जाना चाहिए। जपारम्भ से पूर्व 'ऐं ह्रीं अक्ष मलिकायै नमः' इस मन्त्र से माला की पूजा करके इस प्रकार प्रार्थना करें—

ॐ मां माले महामाये सर्वशक्ति स्वरूपिणी।
चतुर्वर्गस्त्वयि न्यस्तस्तस्मान्मे सिद्धिदा भव।।
ॐ अविघ्नं कुरुमाले त्वं गृह्णामि दक्षिणे करे।
जप माले च सिद्ध्यर्थं प्रसीद मम सिद्धये।।

ॐ अक्षमालाधिपतये सुसिद्धिं देहि देहि सर्व मन्त्रार्थ साधिनि साधय साधय सर्प सिद्धिं परिकल्पय मे स्वाहा।

यों प्रार्थना करके जप प्रारम्भ करें। जप पूरा करके उसे

भगवती को समर्पित करते हुए कहें—

गुह्यातिगह्यगोप्त्री त्वं गृहाणास्मत्कृतं जपम्।
सिद्धिर्भवतु में देवि त्वत्प्रसादान्महेश्वरी।।

पुनः निम्न न्यास करें—

कर न्यास

ॐ हीं अंगुष्ठाभ्यां नमः।
ॐ चं तर्जनीभ्यां नमः।
ॐ डिं मध्यमाभ्यां नमः।
ॐ कां अनामिकाभ्यां नमः।
ॐ यैं कनिष्ठिकाभ्यां नमः।
ॐ हीं चण्डिकायै करतल कर पृष्ठाभ्यां नमः।

हृदयादि न्यास

ॐ खड्गिनी शूलिनी घोरा गदिनी चक्रिणी तथा।
शङ्खिनी चापिनी बाण भुशुण्डी परिघायुधा।।
हृदयाय नमः।।

ॐ शूलेन पाहि नो देवि पाहि खड्गेन चाम्बिके।
घण्टा स्वनेन नः पाहि चापज्यानिः स्वनेन च।।
शिरसे स्वाहा।।

ॐ प्राच्यां रक्ष प्रतीच्यां च चण्डिके रक्ष दक्षिणे।
भ्रामणेनात्म शूलस्य उत्तरस्यां तथेश्वरि।।
शिखायै वषट्।।

ॐ सौम्यानि यानि रूपाणि त्रैलोक्ये विचरन्ति ते।
यानि चात्यर्थ घोराणि तै रक्षास्मांस्तथा भुवम्।।
कवचाय हुम्।।

ॐ खड्ग शूलगदादीनि यानि चास्त्राणि तेऽम्बिके।
करपल्लवसंगीनि तैरस्मान् रक्ष सर्वतः।।
नेत्र त्रयाय वौषट्।।

ॐ सर्व स्वरूपे सर्वेशे सर्व शक्ति समन्विते।
भयेभ्यस्त्राहि नो देवि दुर्गे देवि नमोऽस्तुते।।
अस्त्राय फट्।।

ध्यान

ॐ विद्युद्दामसमप्रभां मृगपतिस्कन्धस्थितां भीषणां।
कन्याभिः करवालखेटविलसद्धस्ताभिरासेविताम्।।
हस्तैश्चक्रगदासिखेट विशिखांश्चापं गुणं तर्जनीं।
विभ्राणामनलात्मिकां शशिधरां दुर्गां त्रिनेत्रां भजे।।

तन्त्रोक्तं देवीसूक्तम्

नमो देव्यै महादेव्यै शिवायै सततं नमः।
नमः प्रकृत्यै भद्रायै नियताः प्रणताः स्म ताम्।।
रौद्रायै नमो नित्यायै गौर्यै धात्र्यै नमो नमः।
ज्योत्स्नायै चेन्दुरूपिण्यै सुखायै सततं नमः।।
कल्याण्यै प्रणतां वृद्ध्यै सिद्ध्यै कुर्मो नमो नमः।
नैर्ऋत्यै भूभृतां लक्ष्म्यै शर्वाण्यै ते नमो नमः।।
दुर्गायै दुर्गपारायै सारायै सर्वकारिण्यै।
ख्यात्यै तथैव कृष्णायै धूम्रायै सततं नमः।।
अतिसौम्यातिरौद्रायै नमो नमः।
नमो जगत्प्रतिष्ठायै देव्यै कृत्यै नमो नमः।।
या देवी सर्वभूतेषु विष्णुमायेति शब्दिता।
नमस्तस्यै नमस्तस्यै नमस्तस्यै नमस्तस्यै नमो नमः।।
या देवी सर्वभूतेषु चेतनेत्यभिधीयते।
नमस्तस्यै नमस्तस्यै नमस्तस्यै नमो नमः।।
या देवी सर्वभूतेषु बुद्धिरूपेण संस्थिता।
नमस्तस्यै नमस्तस्यै नमस्तस्यै नमो नमः।।
या देवी सर्वभूतेषु निद्रारूपेण संस्थिता।
नमस्तस्यै नमस्तस्यै नमस्तस्यै नमो नमः।।
या देवी सर्वभूतेषु क्षुधारूपेण संस्थिता।
नमस्तस्यै नमस्तस्यै नमस्तस्यै नमो नमः।।
या देवी सर्वभूतेषु छायारूपेण संस्थिता।
नमस्तस्यै नमस्तस्यै नमस्तस्यै नमो नमः।।
या देवी सर्वभूतेषु शक्तिरूपेण संस्थिता।
नमस्तस्यै नमस्तस्यै नमस्तस्यै नमो नमः।।
या देवी सर्वभूतेषु तृष्णारूपेण संस्थिता।

नमस्तस्यै नमस्तस्यै नमस्तस्यै नमो नमः।।
या देवी सर्वभूतेषु क्षान्तिरूपेण संस्थिता।
नमस्तस्यै नमस्तस्यै नमस्तस्यै नमो नमः।।
या देवी सर्वभूतेषु जातिरूपेण संस्थिता।
नमस्तस्यै नमस्तस्यै नमस्तस्यै नमो नमः।।
या देवी सर्वभूतेषु लज्जारूपेण संस्थिता।
नमस्तस्यै नमस्तस्यै नमस्तस्यै नमो नमः।।
या देवी सर्वभूतेषु शान्तिरूपेण संस्थिता।
नमस्तस्यै नमस्तस्यै नमस्तस्यै नमो नमः।।
या देवी सर्वभूतेषु श्रद्धारूपेण संस्थिता।
नमस्तस्यै नमस्तस्यै नमस्तस्यै नमो नमः।।
या देवी सर्वभूतेषु कान्तिरूपेण संस्थिता।
नमस्तस्यै नमस्तस्यै नमस्तस्यै नमो नमः।।
या देवी सर्वभूतेषु लक्ष्मीरूपेण संस्थिता।
नमस्तस्यै नमस्तस्यै नमस्तस्यै नमो नमः।।
या देवी सर्वभूतेषु वृत्तिरूपेण संस्थिता।
नमस्तस्यै नमस्तस्यै नमस्तस्यै नमो नमः।।
या देवी सर्वभूतेषु स्मृतिरूपेण संस्थिता।
नमस्तस्यै नमस्तस्यै नमस्तस्यै नमो नमः।।
या देवी सर्वभूतेषु दयारूपेण संस्थिता।
नमस्तस्यै नमस्तस्यै नमस्तस्यै नमो नमः।।
या देवी सर्वभूतेषु तुष्टिरूपेण संस्थिता।
नमस्तस्यै नमस्तस्यै नमस्तस्यै नमो नमः।।
या देवी सर्वभूतेषु मातृरूपेण संस्थिता।
नमस्तस्यै नमस्तस्यै नमस्तस्यै नमो नमः।।
या देवी सर्वभूतेषु भ्रान्तिरूपेण संस्थिता।
नमस्तस्यै नमस्तस्यै नमस्तस्यै नमो नमः।।
इन्द्रियाणामधिष्ठात्री भूतानां चाखिलेषु या।
भूतेषु सततं तस्यै व्याप्तिदेव्यै नमो नमः।।
चितिरूपेण या कृत्स्नमेतद्व्यायाप्य स्थिता जगत्।
नमस्तस्यै नमस्तस्यै नमस्तस्यै नमो नमः।।

स्तुता सुरैः पूर्वमभीष्टसंश्रया।
त्तथा सुरेन्द्रेण दिनेषु सेविता।
करोतु सा नः शुभहेतुरीश्वरी।।
शुभानि भद्राण्यभिहन्तु चापदः
या साम्प्रतं चोद्धतदैत्यतापितै
रस्माभिरीशा च सुरैर्नमस्यते।
या च स्मृता तत्क्षणमेव हन्ति नः।
सर्वापदो भक्तिविनम्रमूर्तिभिः।।

वेदी और अग्निस्थापन

तत आचार्यो वा यजमानो मंडपे गत्वा होम संभारान्संगृह स्पंडिल कुर्यात।

फिर आचार्य या यजमान यज्ञ मण्डप में जाकर हवन की सामग्री को एकत्र कर हवानार्थ वेदी (चौकी) बनायें।

तत आचार्यो बा यजमानः स्वहस्तमात्र परिमित स्थंडिलं निर्माय चतुरस्त्रं चतुरंगुलोन्नतमेकसंगुलोन्नतं वा स्थंडिलं कुर्यात्।,

आचार्य या यजमान अपने हाथ के प्रमाण से बालू रेत से हवन के वेदी २४ अंगुल सम चौरस और चार अंगुल ऊंची बनायें।

स्थंडिलाद्दक्षिणतः बाहुमात्रां भूमि त्यक्ता ब्रह्मार्थ वेदि कुर्यात् वा पीठं संस्थापयेत्।

फिर वेदी के दक्षिण की ओर एक हाथ जगह छोड़कर ब्रह्माजी के लिए वाल रेत की २४ अंगुल चौरस ४ अगुल ऊंची वेदी बनायें या चौकी रखें।

ततः आचार्यो वा यजमानः त्रीन्कुशानादाय स्थण्डिले पंचभूसंस्कारान्कुर्यात्।

फिर आचार्य या यजमान तीन दर्भों को दाहिने हाथ में उत्तराग्र लेकर हवन की वेदी पर ५ तरह की निम्न विधि करें।

तत्रस्त्रिभिर्दर्भैः परिसमुह्य परिसमुह्य परिसमुह्य

फिर तीन दर्भों को दाहिने हाथ में उत्तराग्र लेकर हवन की वेदी पर पश्चिम से पूर्व की ओर ३ बार बुहारें।

गोमयोदकाभ्यामुपलिप्य, उपलिप्य, उपलिप्य।

वेदी को गाय के गोबर सहित जल से लीपें।

ततः स्रुवमूलेन प्रादेशमात्रमुल्लिख्य उल्लिख्य उल्लिख्य फिर स्रुवे की डंडी से वेदी पर पश्चिम से पूर्व की ओर प्रादेशमात्र की ३ रेखा करें।

अनामिकांगुष्ठाभ्यामुद्धृत्य, उद्धृत्य, उद्मत्य

वेदी पर ३ रेखाओं से उभरी हुई मिट्टी को दाहिने हाथ की अनामिका उंगली व अंगुष्ठ से उठाकर वेदी के बाहर ईशान कोण में फेंके।

उदकेनाभ्युक्ष्य अभ्युक्ष्य अभ्युक्ष्य।

दाहिने हाथ में जल लेकर हवन की वेदी पर पश्चिम से पूर्व

की तरफ एक-एक रेखा पर जल धारा करें। फिर ३ दर्भों को पूर्वाग्र कर वेदी के मध्य में एक-एक रेखा पर एक-एक दर्भ रखें। फिर दर्भ पर आमण्ये छांठो (उपले) रख कर अग्नि स्थापित करें।

कुश-कुण्डिका

पात्रासादनम्

पवित्रच्छेननानि त्रीणि (तीन दर्भ पंखुड़ी)
पवित्रे द्वे (दो दर्भ पंखुड़ी)
प्रोक्षणीं पात्रं (लकड़ी का पात्र। पीतल का)
आज्यस्थाली (घृत पात्र भगोना)
चरुस्थाली (तांबे का पात्र)
सम्मार्जन कुशाः पंच (पांच दर्भ पंखुड़ी)
उपयमन कुशाः सप्त (सात दर्भ पंखुड़ी)
समिधयस्त्रिस्त्रः (पलास ३ समिधाएं)
स्त्रुवः (श्रुवा हवनार्थ)
आज्यं (घी)
स्थालीपाकस्य तण्डुला (चावल)
पूर्ण पात्रं (चावल भरा पात्र)
दक्षिणा
प्रणीता पात्रं (कटोरी बड़ी। भगोना)
श्रीफल द्वयम् (नारियल)

ततो ब्रह्म वरणं ब्रह्माणं संपूजयेत् (५० दर्भों की एक चटू बनाकर ब्रह्मा की चौकी पर वस्त्र बिछा कर रखें व पूजा करें)

ॐ ब्रह्मणे नमः गंधं समर्पयामि
ॐ ब्रह्मणे नमः अक्षतान्समर्पयामि
ॐ ब्रह्मणे नमः पुष्पादि समर्पयामि
ॐ ब्रह्मणे नमः वस्त्रं समर्पयामि
ॐ ब्रह्मणे नमः फल दक्षिणां समर्पयामि

दक्षिणतो ब्रह्मासनम्।

हवन की चौकी के दक्षिण भाग में ब्रह्मा को स्थापित करें फिर तीन दर्भों को पूर्वाग्र करके ब्रह्माजी की चौकी पर रखें।

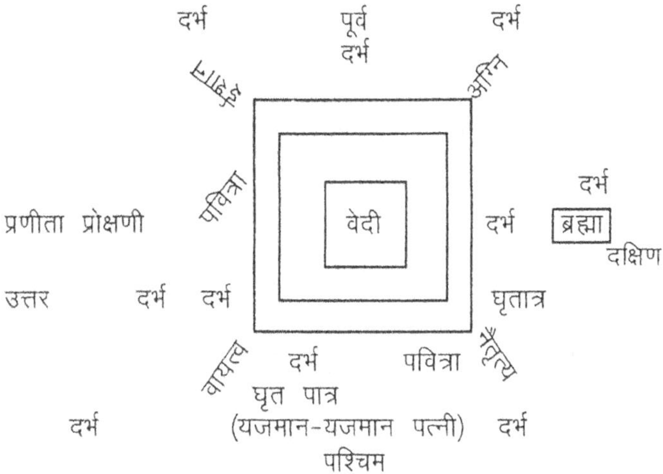

उत्तरतः प्रणीतासनम्।

३ दर्भों को पूर्वाग्र कर अग्नि के उत्तर में—प्रणीता के लिए आसन रखें।

तत्र ब्रह्मोपवेशनम्—ब्रह्माजी के चटू को वस्त्रादि सहित उठाकर ब्रह्मा की चौकी पर रखें।

ततः प्रणीतास्थानम्—फिर अग्नि के उत्तर में बिछाये हुए दर्भों पर प्रणीतापात्र रखें, फिर यजमान हाथ जोड़कर ब्रह्माजी से कहे—

यावत् कर्म समाप्यते, तावत् त्वं ब्रह्मा भव।

ओं भवामि।

ब्रह्मानुरातो यजमानः प्रणीतापात्रं प्रणयेत्।

ॐ प्रणयः ओं प्रणयः ओं प्रणयः।

फिर यजमान ब्रह्मा की आज्ञा लेकर 'ॐ प्रणयः ३' इन मंत्रों को पढ़ता हुआ प्रणीता पात्र में जल डाले।

ईशानादि पूर्वाग्रैदर्भैरेकमुष्ठया परिस्तरणम्।

फिर यजमान एक मुट्ठी दर्भों को दाहिने हाथ में लेकर क्रमशः ईशान कोण से पूर्व, अग्नि दक्षिण, नैर्ऋत्य, पश्चिम, वायव्य और उत्तर तक क्रम से बिछाए।

द्विस्त्रिच्छेद्यः त्रीणित्याज्यानिं द्वेग्राह्ये

फिर यजमान अग्र सहित दो दर्भों को दाहिने हाथ से बाएं में ले फिर ३ को उत्तराग्र करके दाएं से बाएं हाथ के दो दर्भों के ऊपर अगली तरफ प्रादेश मात्र (एक बालिस्त) जगह छोड़कर ३ दर्भों को रखें फिर तीन दर्भों से दो दर्भों के ऊपर दो बार लपेटे लेवे फिर दो दर्भों के मूल से तीन दर्भों के अगली तरफ दो बार लपेट देवे। फिर दो के मूल को दोनों हाथों की अनामिकाओं और अंगुष्ठों से तोड़ देवें फिर बाएं हाथ के सभी दर्भों को फेंक दे और दाहिने हाथ के दो दर्भों को रख दें। इन्हें पवित्रा कहते हैं।

सपवित्र हस्तेन प्रणीतोदकेन प्रोक्षिण्यां त्रिः पूर्णम्।

फिर दो पवित्रों सहित दाहिने हाथ से प्रणीता के जल को प्रोक्षणी पात्रा में डालें।

द्वाभ्यां अनामिकांगुष्ठाभ्यां उत्तराग्रे पवित्रे गृहीत्वा प्रोक्षणी जलेन त्रिरुत्पवनम्।

फिर दो पवित्रों को उत्तराग्र करके दोनों हाथों की अनामिकाओं और अंगुष्ठों से लेकर प्रोक्षणी के जल को तीन बार हिलाएं।

ततः प्रोक्षणी पात्रं वामहस्ते गृहीत्वा दक्षिणानामिकांगुष्ठाभ्यां मूल देशे पवित्रे गृहीत्वा तमिरद्भिरस्तासां प्रोक्षणम्। सादित पात्राणां एकैकस्य प्रोक्षणम्।

अब प्रोक्षणीपात्र को बाएं हाथ में लेकर दाहिने हाथ की अनामिका और अंगुष्ठ से दो पवित्रों को मूल से लेकर प्रोक्षणी के जल से भिगोकर स्थापित की हुई वस्तुओं पर छींटा डालें।

प्रणीतारग्न्योर्मध्ये प्रोक्षणीपात्रं निधाय।

दो पवित्रों सहित प्रोक्षणी पात्र को वेदी और प्रणीता के मध्य रखें—

आज्यस्थाल्यामाज्यनिर्वापः चरुस्थाल्यां तण्डूलनिर्वाल्यतंडुलानि त्रि प्रक्षाल्य यजमानः चरु गृहीत्वा ब्रह्मा वा पत्नी आज्यं गृहीत्वा अग्ना वधिश्रित्य मध्ये चरो रधि श्रयणं दक्षिणतः आज्याधि श्रयणं कुशान्प्रज्वाल्य आज्योपरि प्रदक्षिणे भ्रामयित्वा अग्नौ क्षिपेत्।

यजमान पात्र में घृत डालकर एक कटोरी में चावल डाले फिर उन्हें ३ बार धोकर चावलों की कटोरी को दाहिने हाथ में ले फिर ब्रह्मा या आचार्य घृत कटोरी को अपने दाहिने हाथ में ले फिर

यजमान चावलों की कटोरी को अग्नि के बीच में रखे, आचार्य घृत पात्र को दक्षिण की ओर फिर रख दें। एक दर्भ को यजमान जलावे व जलते हुए दर्भ को चावलों और घृत के चारों ओर घुमाकर अग्नि में होम दे।

कांसे की थाली या अन्य पात्र के कुंकुम का स्वस्तिक करके सुवासिनी को देवे। सुवासिनी धूम्र रहित अग्नि को लेकर साखिये वाले थाली में रखे फिर दूसरी थाली से अग्नि को ढककर यजमान को आकर दे, यजमान दोनों थालियों को दाहिने हाथ में लेकर अग्नि को उघाड़ कर अग्नि वाली थाली को पूर्व की ओर अपने सामने करके 'ॐ आवोदेवासऽईमहे वामं प्रयत्यध्वरे, अवोदेवासश्आशिषो यज्ञियासो हवामहे।

शिखिनामानमग्निं आवाहयामि स्थापयामि।

मंत्र पढ़ता हुआ वेदी मध्य में अग्नि को स्थापित करें। ततो वह्नि पात्रे फलाक्षतदक्षिणाः प्रक्षिप्य सुवासिन्यै समर्पयेत। यजमान अग्नि वाले पात्र में सुपारी, अक्षत, दक्षिणा डालकर उस कन्या को दे दे।

तत उत्थायोपयमन कुशानीदाय वाम हस्ते गृहीत्वा दक्षिण हस्ते समिधस्तिस्रः आदाय घृतेनाभिधर्य प्रजापतिं मनसा ध्यात्वा तूष्णीमग्नौक्षिपेत्।

खड़े होकर उपयमन कुशा सात दर्भों को दाहिने हाथ में ले और फिर दाहिने हाथ में पलास की ३ समिधाओं को पूर्वोक्त लेकर घृत से भिगोकर खड़े होकर मन में ब्रह्मा का ध्यान करके चुप से ३ समिधाओं को अग्नि में होम दें।

तत उपविश्य सपवित्र प्रोक्षण्युदकेन प्रदक्षिण क्रमेणाग्नि पर्युक्षेत्।

फिर नीचे बैठ कर दो पवित्रों सहित प्रोक्षणी पात्र को दाहिने हाथ में लेकर अग्नि के चारों तरफ ईशान से उत्तर पर्यन्त जल की धारा करें।

पवित्रे प्रणीता पात्रे निधाय प्रोक्षणी पात्रं स्वस्थाने निदध्यात्।

फिर प्रोक्षणी के दो पवित्रों को प्रणीता पात्र में रखकर प्रोक्षणी पात्र को पुनः उसी स्थान पर रखें।

ततः पातित दक्षिण जानुर्ब्रह्मान्वारब्धः समिद्धत्तमेऽग्नौ स्रुवेणाज्याहुतिर्जुहुयात्।

यजमान दाहिने घुटने को भूमि से लगाकर बैठे फिर ब्रह्माजी से आज्ञा लेकर अग्नि को प्रज्वलित करके स्रुवा को दाहिने हाथ में लेकर घृत से भरकर निम्न मंत्रों में से एक-एक मंत्र पढ़कर हवन करें।

तत्राधारादरभ्य नवा ज्याहुतिषु तत्तदादेत्यन्तरम् स्रुवावस्थितं हुतशेषं प्रोक्षणीपात्रे प्रक्षिपेत्।

फिर एक-एक आहुति के पीछे स्रुवा में रही हुई घृत की बूंद को प्रोक्षणी पात्र में डालता रहे।

तूषणीं ओंप्रजापतये स्वाहा। इदं प्रजापतये न मम।

यह एक आहुति चुपके से मंत्र पढ़ कर देवे न मम भी मम में ही बोले।

तत उच्चैः ओं इन्द्राय स्वाहा। इदमिन्द्राय न मम।

ओं अग्नये स्वाहा। इदमग्नये न मम।

ॐ सोमाय स्वाहा। इदं सोमाय न मम।

ॐ भुवः स्वाहा इदं वायवे न मम।

ॐ स्वः स्वाहा इदं सूर्य्याय न मम।

ॐ त्वन्नोऽअग्ने वरुणस्य विद्वान्देवस्य हेडोऽअवया सिसीष्ठा।

यजिष्ठो वन्हितमः शोशु चानो विश्वाद्वेषा ꣳ सि प्रमु मुन्ध यस्मत्स्वाहा। इदमग्नी वरुणाभ्यां न मम।

ॐ सत्वन्नोऽअग्नेऽवमो भवोतिनेदिष्टोऽअस्याऽउषसो व्युष्टो। अवयक्ष्वनो वरुण ꣳ रराणोबीहिमृडीक ꣳ सुद्देणा नऽएधिं स्वाहा। इदमग्नीवरुणाभ्यां न मम।

ॐ अशयचाग्नेस्यनभिशस्तिपाश्च सत्थमित्त्व मयाऽसि अयानोयज्ञं वहास्ययानोधेहि भेषज ꣳ स्वाहा। इदमग्नये अयसे न मम।

ॐ ये ते शतं वरुणं ये सहस्रं यज्ञियाः पाशावित तामहान्तः तेभिर्नोऽद्य सवितातविष्णुर्विश्वेमुञ्चन्तु मरुतः स्वर्काः स्वाहा। इदं वरुणाय सवित्रे विष्णवे विश्वेभ्योदेवेभ्यो मरुद्भ्य स्वर्केभ्यश्च न मम।

ॐ उदुत्तम वरुण पाशभस्मदबाधर्मं विमध्यम ꣳ श्रथाय। अथावयमादित्य व्रते तवा नागसोऽआदितयेस्याम स्वाहा। इदं वरुणाय न मम।

निम्न एक आहुति मन में बोल कर दें।

मनसा होम

ॐ प्रजापतये स्वाहा, इदं प्रजापतये न मम।

ॐ अग्नये स्विष्कृते स्वाहा इद अग्नये स्विष्टकृते न मम। अब दाहिने कान से जल लगावें।

जया होम

ॐ चित्तं च स्वाहा। इदं चित्ताय न मम।

ॐ चित्तिश्च स्वाहा। इदं चित्त्यै न मम।

ॐ आकूतं च स्वाहा। इदं आकूताय न मम।

ॐ आकूतिश्च स्वाहा। इदं आकूत्यै न मम।

ॐ विज्ञात च स्वाहा। इदं विज्ञाताय न मम।

ॐ विज्ञातिश्च स्वाहा। इदं विज्ञात्यै न मम।

ॐ मनश्च स्वाहा। इदं मनसे न मम।

ॐ शक्करीश्च स्वाहा। इदं शक्करीभ्यो न मम।

ॐ दर्शश्च स्वाहा। इदं दर्शाय न मम।

ॐ पौर्णमासं स्वाहा। इदं पौर्णमासाय न मम।

ॐ बृहच्च स्वाहा। इदं बृहते न मम।

ॐ रथन्तरं च स्वाहा। इदं रथन्तराय न मम।

ॐ प्रजापतिर्जयानिंद्राय वृष्णे प्रायच्छदुग्नः पृतना जयेषु। तस्मै विशः समनमन्तु सर्वाः सउग्रः सऽइहव्यो बभूव स्वाहा। इदं प्रजापतये जयानिद्राय न मम।

अब पुनः दाहिने कान से जल लगाएं।

अब नव ग्रहों के मन्त्र पढ़-पढ़ कर नवग्रहों की आहुतियां दें फिर दुर्गा सप्तशती की आहुतियां दें।

दुर्गा होम

अग्ने उत्तर भागे—ॐ प्रजापतये स्वाहा प्रजापतये इदं न मम।
अग्नेर्दक्षिण भागे—ॐ इन्द्राय स्वाहा इन्द्रायेदन्न मम इत्याधारो
मध्ये समिद्धतमे—ॐ अग्नयें स्वाहा अग्नेयेदन्न मम
ॐ सोमाय स्वाहा सोमायेदन्नमम
इत्याज्य भागौ।।
अथाचार्योऽग्नि सम्पूज्य। आचार्य अग्नि की पूजा करें।

ततः गणेशादि मण्डलं स्थापित **देवतानां हवनं** कुर्यात्तथैव सर्वतो भव मण्डरस्थ देवानामपि कुर्यात्।

पुनः कवचार्गला कीलकं पठित्वा नवार्णन्यासान्विधाय १०८ नवार्ण च जुहयात्।।

ततो हुतशेषं हविर्द्रव्यं गृहीत्वा ब्रह्मणान्वारब्धः स्विष्टकृद्धो मंकुर्यात्।

ॐ अग्नेय स्विष्टकृते स्वाहा, इदमग्नेय०

ततो भूराद्यान वाहुतयः!

ॐ भूः स्वाहा, इदमग्नये

ॐ भुवः स्वाहा, इदंवायवे

ॐ स्वः स्वाहा, इदमग्नि वायु सूर्येभ्यः

ॐ त्वन्नो अग्ने वरुणस्य विद्वान्देवस्य हे डोऽअवसासिसीष्ठा।

यजिष्ठोवह्नितमः शोशुवानो विश्वाद्वेषा ७ सिप्रमुमुग्ध्यस्मत्स्वाहा। इदमग्नीवरुणाभ्यां ॐ सत्वन्नोऽअग्नेवमो भवोतीनेदिष्ठो अस्याऽउषसोव्युष्टौ अवयक्ष्वनोवरुणं ७ रराणो वीहिसुमृदीक ७ सुहकेनऽएधि स्वाहा। इदमग्नी वरुणाभ्यां

ॐ अयाश्चाग्नेस्य नभिशस्तिपाश्चसत्वमित्व मयाऽअसि।

अयानो यज्ञं वहास्य यानोधेहि भेषज ७ स्वाहा, इदं अयसेऽअग्नये ॐ ये ते शतं वरुण ये सहस्त्रं यज्ञिया पाशावितता महान्तः।।

ते भिर्नोऽअद्य सवितो वविष्णुर्मुचन्तु मरुतः स्वर्काः स्वाहा। इदं वरुणाय सवित्रे विष्णवे विश्वेभ्यो देवेभ्यो मरुद्भवः स्वर्केध्यश्च।

ॐ उदुत्तमं वरुण पाशमस्म दवाधमं विमध्य ७ श्रश्राय।

अर्थ वयमादित्य व्रते ववनागसो आदितये श्याम स्वाहा। इदं वरुणाय ॐ प्रजापतये स्वाहा, इदं प्रजापतये, ॐ अग्नयेस्विष्टकृते स्वाहा। इदं मग्नेय स्विष्टकृते।।

विशिष्ट आहुतियां-दुर्गा की आहुतियों के मध्य।

दुर्गा सप्तशती की आहुतियां देते समय जहां भी पाठ में 'उवाच' शब्द आया है, वहां फूलों की आहुतियां दी जाती हैं।

अध्याय एक की समाप्ति पर उल्टे पान पर शाकल्य, घी में भिगोकर १ कमलगट्टा, १ सुपारी, २ लोंग, १ इलाइची, गुग्गल, शहद सभी स्त्रुची में रखकर खड़े होकर मन्त्र बोलें–

ॐ प्राणाय स्वाहा, पानाय स्वाहा, व्यानाय स्वाहा।

अंबेऽअम्बिकेम्बालिके नमानयति कश्चन।
ससरस्त्यश्वकः सुभुद्रिकां कांपील वासिनी ७४ स्वाहा।।
बाद में स्त्रुवे से घी छोड़ते हुए बोलें–
ॐ घृतं घृतपादानः पिवतव्वसां वसा पावान।
पिवतांतरिक्ष्स्य हवि रसिस्वाहा दिशः प्रतिशऽआदिशोव्विदिश उद्दिशादिग्भ्यः स्वाहा।

अध्याय दो की समाप्ति पर उल्टे पान पर शाकल्य, १ कमल गट्टा घी में भिगोकर, १ सुपारी, २ लोंग, १ इलायची, गुग्गल सब स्रुची में रखकर खड़े होकर पूर्वोक्त अध्याय एक वाला मन्त्र बोलें–

ॐ प्राणाय स्वाहा, पानाय स्वाहा, व्यानाय स्वाहा।
अंबेऽअम्बिकेऽम्बालिके नमांनयति कश्चन।
ससरस्त्यश्वकः सुभद्रिकां कांपील वासिनी ७४ स्वाहा।।
फिर स्रुवा से घी छोड़ें–
ॐ घृतं घृतपावानः पिवतव्वसां वसा पावान।
पिवतांतरिक्षस्य हवि रसिस्वाहा दिशः प्रतिशऽआदिशोव्विदिश उद्दिशोदिग्भ्यः स्वाहा।

दूसरे अध्याय की आहुति उपरान्त ॐ जय जय मार्कण्डेय पुराणे सावर्णिके मन्वन्तरे देवी माहात्म्ये सत्या सन्तु (यजमानस्य कामाः) जगदम्बार्पणमस्तु। ऐसा करकर जल छोड़ें।

अध्याय ३ मंत्र ३८ मधु की आहुति दें।
गर्ज-गर्ज क्षणं मूढ मधु यावत्पिवाम्यहम्।
मया त्वयि हतेऽत्रैव गर्जिष्यन्त्याशु देवताः।।

तृतीय अध्याय समाप्ति पर उल्टे पान पर शाकल्य १ कमल गट्टा, घी में भिगोकर, १ सुपारी, २ लोंग, २ इलायची, गुग्गल सब स्रुचि में लेकर खड़े होकर–

ॐ जयन्ती सांगायै साधुयायै सशक्तिकायै सपरिवारायै सवा हनायै लक्ष्मी बीजाधिष्ठात्र्यै महाहुतिं समर्पयामि नमः स्वाहा।।

अध्याय ४ प्रथम से २३ मंत्र तक पेड़ा या खीर की आहुति दें।

शूलेन............सर्वत्र मंत्र २४, २५, २६, २७ की आहुति न दें अध्याय ४ मंत्र ३० श्वेत पुष्प की आहुति दें।

भक्त्या समस्तैरित्र दशैर्दिध्यैर्धूपैस्तु धूपित।

प्राह प्रसाद सुमुखी समस्तान्प्रणतान्।। (या धूपाहुति दें)

चतुर्थ अध्याय की समाप्ति पर एक पान शाकल्य, १ कमलगट्टा घी में भिगोकर, १ सुपारी, २ लौंग, १ इलायची, गुग्गल मिश्री के स्रुचि में रख कर खड़े होकर—

ॐ प्राणाय स्वाहा, पानाय स्वाहा व्यानाय स्वाहा।
अम्बेअम्बिकेऽम्बालिके नमानयति कश्चन।।
ससरस्त्यश्वकः सुभद्रिकां कांपीलवासिनी ७३ स्वाहा।।

बाद में स्रुवा से घृत छोड़ते हुए—

ॐ घृतं घृतपावनः पिवतव्वसां वसा पावान।
पिवतांतरिक्षस्य हवि रसि स्वाहा दिशः पतिशऽआदिशोब्विदिश उद्दिशोदिग्भ्यः स्वाहा।।

अध्याय ५ मंत्र ६ से ८२ तक भी क्षीर की आहुति दें तो उत्तम है।

अध्याय ५ मंत्र ६४ कमलगट्टे की आहुति दें।

एरावतः समानीतो गजरत्नं पुरन्दरात्।
पारिजात तरुश्चायं तथैवोच्चैः श्रवा हयः।।

अध्याय ५ मंत्र १०० रेशम—

एवं दैत्येन्द्र रत्नानि समस्तान्याहृतानि ते।
स्त्री रत्नमेषा कल्याणीत्वया कस्मान्न गृह्यते।।

अध्याय ५ मंत्र १०३ सीता फल।

अध्याय ५ मंत्र ११० खीर

अध्याय ५ मंत्र १२१ काजल

अध्याय ५ समाप्ति पर एक उल्टे पान पर शाकल्य १ कमलगट्टा घी में भिगोकर १ सुपारी, २ लौंग, १ इलाइची, गुग्गल, कर्पूर, पुष्प, ऋतुफल सब वस्तुएं स्रुचि में रखकर खड़े होकर पूर्वोक्त मंत्र पढ़ें व घी होमे।

अध्याय ६ मंत्र १३ गुगल

अध्याय ६ मंत्र १६, १७ केशर

अध्याय ६ समाप्ति पर पूर्वोक्त सामग्री पान, कमल गट्टा घी में भिगोकर १ सुपारी, २ लौंग, १ इलाइची, गुग्गल, भोजपत्र पूर्वोक्त मंत्र से आहुति दें।

अध्याय ७ मंत्र ५ कस्तूरी

अध्याय ७ मंत्र १५ केवड़ा

अध्याय ७ मंत्र १६ केवड़ा
अध्याय ७ मंत्र १७ केवड़ा
अध्याय ७ मंत्र २७ केवड़ा

अध्याय ७ समाप्ति पर शाकल्य पान पर १ कमलगट्टा घी में भिगोकर, १ सुपारी, २ लौंग, १ इलाइची, गुग्गल, २ जायफल लेकर पूर्वोक्त ढंग से आहुति दें।

अध्याय ८ मंत्र ५५ रक्त चंदन
अध्याय ८ मंत्र ५६ रक्त चंदन
अध्याय ८ मंत्र ५७ रक्त चंदन

अध्याय ८ की समाप्ति पर उल्टे पान पर शाकल्य, १ कमलगट्टा घी में भिगोकर १ सुपारी, २ लौंग १ छोटी इलाइची, गुगल, चंदन लेकर पूर्वानुसार आहुति दें।

अध्याय ६ की समाप्ति पर एक पान पर शाकल्य १ कमलगट्टा घी में भिगोकर १ सुपारी २ लौंग १ इलायची, गुग्गल, बेलफल लेकर पूर्वानुसार आहुति दें।

अध्याय १० में अध्याय ६ वाली वस्तुएं लेकर आहुति दें।

अध्याय ११ मंत्र १-२ खीर
अध्याय ११ मंत्र २७ श्वेत सरसों
अध्याय ११ मंत्र २६ गुग्गल
अध्याय ११ मंत्र ३२ सरसों
अध्याय ११ मंत्र ३३ इन्द्र जौ, हरड़,
अध्याय ११ मंत्र ३६ काली मिर्च
अध्याय ११ मंत्र ४४ दाडम अनार
अध्याय ११ मंत्र ४६ पालक
अध्याय ११ मंत्र ५२ सरसों

अध्याय ११ अन्त में एक पान पर शाकल्य १ कमलगट्टा घी में भिगोकर १ सुपारी २ लौंग १ इलाइची, गुग्गल, पुष्प, पायस की पुर्वानुसार आहुति दें।

अध्याय १२ मंत्र ६ बिल्व फल
अध्याय १२ मंत्र १४ इलाइची
अध्याय १२ मंत्र १६ सरसों
अध्याय १२ मंत्र १७ बच

अध्याय १२ मंत्र २० धूप
अध्याय १२ मन्त्र २३ सरसों
अध्याय १२ मंत्र ३६ सेब
अध्याय १२ मंत्र ४१ धूप

अध्याय १२ अंत में पान पर शाकल्य १ कमलगट्टा घी में भिगोकर १ सुपारी २ लौंग १ इलाइची, गुग्गल, ऋतुफल, केला की पूर्वानुसार आहुति दें।

अध्याय १३ के अन्त में पान पर शाकल्य १ कमलगट्टा घी में भिगोकर १ सुपारी २ लौंग १ इलाइची, गुगल, १ फल, १ पुष्प लेकर पूर्वानुसार आहुति दें।

बलिदानम्

अद्य कृतस्य कर्मणाः सांगता सिद्धयर्थं दिग्पाल पूर्वकं आदित्यादि ग्रह मण्डल स्थापित देवाताभ्यो बलिदानं च करिष्ये।

ॐ त्रातारमिन्दमविता रमिन्द्र ७ हवे हवे सुहव ७ शूरमिन्द्रम्। ह्वयामिशक्रं पुरु हूतमिन्द्र ७ स्वातिनोमघवा धरत्विन्द्रः।। इन्द्राय नमः सर्वोपचारार्थे गन्धाक्षत पुष्पादिना सम्पूज्य एवं सर्वत्र। ॐ इन्द्राय साङ्गाय सपरिवाराय सायुधाय सशक्तिकाय इमं सदीप दधिमाषभक्त बलि समर्पयामि ७ भो इन्द्र दिश रक्ष बलि मुद्रक्ष्व मम सकुटुम्बस्य अभ्युदयं कुरु आयुःकर्ता क्षेमकर्ता शान्तिकर्ता पुष्टिकर्ता तुष्टिकर्ता निर्विघ्नकर्ता वरदो भव। अनेन बलिदानेन इंद्रः प्रीयताम्। अग्नि कोणं।।

ॐ त्वन्नोऽअग्नेतवदेवपायुभिर्मघोनो रक्षतन्वश्चवन्द्य। त्राता तो कस्यतनये गवा मस्य निमेष ७ रक्ष माणास्तवव्रते। अग्नये नमः अग्नये सा० भो अग्नेदिश० दक्षिण्णेययम।।

ॐ यमांय त्वांगिरस्वतेपितृमते स्वाहा। स्वाहा धर्माय स्वाहा धर्मः पित्रे। यमाय नमः। भोयम० नैर्ऋत्यां ॐ असुन्वन्तम यजमानमिच्छस्तेन स्येत्यामन्विहितस्करस्य। अन्यमंस्मदिच्छ सातऽइत्यानमोदेविनिर्ऋते तुभ्यमस्तु। निर्ऋतये नमः। पश्चिमे। ॐ तत्वायामि ब्रह्मणा वन्दमानस्तदाशास्ते यजमानो हविर्भिः। अहेडमानो वरुणे ओध्युरुश ७समानऽआयुः प्रमोषी वरुणाय नमः

वायव्या—ॐ आनोनियुदि्भ शतिनीभिरध्वर ७सहस्त्रिणी भिरु

पयाहियज्ञम्। वायोऽअस्मिन्त्म वनेमादयस्व यूयंपातस्वस्तिभिः सदानः।

वायेव०

उत्तरे—ॐ वय ४ सोमव्रते तव मनस्तनूषुविभ्रतः। प्रजावन्तः सचे महि। सोमाय०

ईशान्या—ॐ तमीशानं जगतस्तस्थुषस्पतिन्धियं जिन्व व से हूमहे वयम्। पूषानो यथावेदासामसद्वृधे रक्षितापायुरदब्धः स्वस्तयै। ईश्वराय०

पूर्वेशानयोर्मध्ये—ऊर्ध्वे—ॐ अस्मैरुद्रामेहनापर्वता सोवतृहस्येभरहूतौ सजोषाः या श४ सतेस्तुवतेधायिपज्र इन्द्रो ज्येष्ठाऽअस्मांऽअवन्तुदेवा।।: ब्रह्मणे०

निर्ऋति पश्चिमयोर्मध्ये अधोभाग—

ॐ स्योनापृथि विनोभवान्नृक्षरानिवेशनी यच्छानः शर्म स प्रथाः

अनन्ताय०।। ततो ग्रहवेदिसमीपे सूर्यादि ग्रहणां बलिः।।

ॐ आकृष्णेन रजसा० सूर्यादि ग्रहेभ्यः अधिदेवता प्रत्यधिदेवता सहितेभ्य सांगेभ्य सप० सश० इम सदीपदधिमाषभक्त बलि समर्पयामि।।

भो भो सूर्यादि देवताः दिशः रक्षतः बलिं भक्षतः दीपं पश्यतः। मम (यजमानस्य) सकुटुम्बस्याभ्युदयं कुरुत।। आयुःकर्तारः क्षेमकर्तारः शान्तिकर्तारः पुष्टिकर्तारः तुष्टिकर्तारः निर्विघ्नकर्तारः वरदा भवत।।

अनेन बलिदानेन सूर्यादि ग्रहाः प्रीयन्ताम।।

१६ मातृणामेकबलिं दद्यात।।

ॐ समरव्येदे व्याधियासं दक्षिणयोरुचक्षसा।।

मामऽआयुः प्रमोषीर्मोऽअहन्तव वीरम्वि देयतव देविसंदृशि।।

गौर्यादि मातृभ्य इमं सदीपमाषभक्त बलिं समर्पयामि। भो भों गौर्यादि मातर इमं बलिं गृहणीत मम (यजमानस्य) सकुटुम्बस्याभ्युदयं कुरुत आयुःकर्त्र्यः क्षेमकर्त्र्यः शान्तिकर्त्र्यः पुष्टिकर्त्र्यः तुष्टिकर्त्र्यः निर्विघ्नकर्त्र्यः वरदा भवन्तु।। बलिदानेनानेन गौर्यादिषोऽशमातरः प्रीयन्ताम्

ततः

अब पुनः गणपति पूजन करें—ॐ गणाणान्त्वा।। ॐ ग्रहाऽऊर्जाहुत योव्यन्त विप्रायमतिम्।।

तेषां विशिप्रियाणां वाहऽइषमूर्ज ४ समग्रमम्।

ॐ अम्बेअम्बिकेऽम्बालिके० गणेशादि मण्डल स्थापित सर्वेभ्यो वताभ्यो नमः। गन्धाक्षत संपूज्य।

वेद पाठ

ॐ इषेत्वोर्जेत्वा वायवस्थ देवोवः सविता प्रार्पयतु श्रेष्ठमाय कर्मणऽआप्यायध्वमध्न्याऽ इन्द्राय भागं प्रजावतीर नमीवाऽ अयक्ष्मामा वस्तेनऽईशतमाध श ७ सो ध्रुवाऽ अस्मिन्गोपतौ स्यात वह्नीर्यज मानस्य पशून्पाहि।।

ॐ अग्नि पीले पुरोहितं यज्ञस्य देव मृत्विजम्। होतारं रत्नधातमम।

ॐ अग्नऽ आयाहिवीतये गृणानोहव्यदातये निहोतासास्ति वहिषि।

ॐ शन्नो देवी रभिष्टय ऽ आपो भवन्तु पीतये। शंशोरभिस्रवन्तुनः।

ॐ ब्रह्मा मुरारि त्रिपुरान्तकारी भानुश्शशी भूमिसुतो बुधश्च। गुरुश्च शुक्र श्शनिराहुकेतवः सर्वे ग्रहा शान्तिकरा भवन्तु।

हवन का दसवां भाग

पात्र में कच्चा दूध जल मिलाकर हाथ में कुशा लेकर तर्पण करना चाहिए।

पूर्णाहुति

एवं होमं समाप्य
उत्तराङ्गानि कुर्यात्
पूजास्विष्टं नवाहुत्यो बलिं पूर्णाहुतिरस्तथा।
आशीर्वाद प्रदानं च अभिषेको विसर्जनम्

ततो यजमान पत्नीमाहूय ग्रंथि बन्धनं कृत्वा तद्दक्षिणेस्थित्वा गणेशादि देवताभ्यो नमः। इत्येन गंधाक्षतादिभिः सम्पूज्य।।

(यजमान व यजमान पत्नी गठजोड़ कर गणेशादि की पुनः पूजा करें।)

पश्चात्

ॐ अग्नेनय सुपथारायेऽअस्मान्विश्वानि देवव्वयुनाति व्विद्वान्।

युयोध्यस्मज्ज्जुहुराणमेनो भूयिष्ठान्ते नम ऽ उक्ति विधेम। मृडनयेनमः इतिगन्धादिभिः सम्पूज्य।

ॐ अध्येतादि० कृतस्य दुर्गाहवन कर्मणः सांगता सिद्धर्थवसोर्द्धारा समन्वितम् पूर्णाहुति होमं करिष्ये।

ततः पात्रान्तरे स्रुवेण चतुर्गृहीताज्यं द्वादशबारं गृहीत या गृहीत्वा पात्रोपरि (समिधं) ध्रुत्वा अस्त्र फल ताम्बूल गंध माल्यादिभिरलंकृत्य गृहीत्वा पात्रं स्रुच्यु परिनिधाय धृत्वोभय पाणिभ्यां यजमानस्तिष्ठत्

(यज्ञ वेदी के चारों ओर लकड़ियां भली प्रकार रखें, एक थाली में अष्टदल बना उसमें बची हुई हवन सामग्री, रेशमी वस्त्र, काशी फल या अन्य फल, पान, माला, गंध, अलंकरण आदि से थाली सजा स्रुवा घी से भर उस पर उक्त थाली रखें, यजमान पत्नी उसे पकड़े रहें, खड़े होकर।)

ॐ समुद्रादूर्भिर्मधुमा ७ उदार दुपां ७ शुनासमभृतत्व मानट्।
घृतस्य नाम गुह्यत्य दस्ति जिह्वा देवानाममृतस्य नाभिः।।
चत्वारि श्रृंगातयोऽ अस्यपादाद्वेशीर्षे सप्त हस्तासोऽअस्य।
त्रिधावद्धोवृषभोरोरवीति महादेवी मर्त्यां २ आविवेश।।
पुनरत्त्वादित्या रुद्रात्वसवः समिन्धताम्पुनर्ब्रह्माणो व्वसुनीथ यज्ञैः।
घृतें नत्वन्वंव्वर्धयश्च सत्याः सन्तु यजमानस्य कामाः।
सप्तेतऽअग्ने समिधः सप्तजिह्वः सप्तऽऋषयः सप्तधाम प्रियाणि।।
सप्तहोत्राः सप्तधात्वायजन्ति सप्तयोनीरापृशस्वाघृतेन स्वाहा।।
पूर्णा दर्विपरापत सुपूर्णा पुनरापत।।
व्वस्नेवचिक्रीणावहाऽ इषपूर्ज ७ शतक्रतो स्वाहा।।
इन्हें पढ़ने के बाद दस सामग्री को होम कर दें।

इदमग्नयैवैश्वानराय वसुरुद्रादित्येभ्यः शतक्रतवे सप्तवते अग्नये अद्भ्यश्चन ममः (वरुण कलशे त्यागः—स्रुवे में बचे घी की बूंद का वरुण कलश में त्याग करें)

ततो वसोधारां जुहूयात्।।
सप्ततेऽअग्ने समिध०।।

अग्नि प्रार्थना

श्रद्धा मेधां यशः प्रज्ञां विद्यां पुष्टि श्रियं बलम्।।
तेज आयुष्लमारोग्यं देहि मेहव्य वाहन।
भोभो अग्ने महाशक्ते सर्व कर्म प्रसाधन।
कर्मान्तरे पिसंप्राप्ते सान्निध्यं कुरु सर्वदा।।

त्र्यायुष करणम्

ॐ त्र्यायुषंयमदग्ने रितिललाटे।। ॐ कश्य पश्यः
(ललाट पर तिलक)

त्र्यायुषमिति ग्रीवायाम। (गले पर भस्मी तिलक लगाएं)

ॐ यद्येवेषुत्रियायुषमिति दक्षिणांसे (दायें कंधे पर)

तन्नो अस्तु त्र्यायुषमिति हृदे (हृदय पर वाम स्कन्ध पर)

ततः संस्रव प्राशनम्।

पवित्राभ्यां मार्जमन्। अग्नौ पवित्र प्रतिपतिः (पवित्री खोलें)

ब्रह्माणे पूर्ण पात्र दानम्—(ब्राह्मण को पूर्ण पात्र का दान दें)

तद्यथा, अद्येत्यादि पठित्वा—

"अद्य कृतैतद् दुर्गा हवनाक्ष्य कर्मणि हवन कर्म प्रतिष्ठार्थमिदं पूर्ण पात्रं सदक्षिणम् प्रजापति दैवतममुकगोत्राय, अमुक शर्म्मणे ब्राह्मणाय ब्रह्मणेतुभ्यमहं सम्प्रददे।।

स्वस्ति प्रति वचनम्—स्वस्ति वाचन पढ़ें।

ब्रह्म ग्रन्थि विमोक—ब्रह्मा की ग्रन्थि खोलें।

ततः प्रणीतोदकेन—ॐ सुमित्रियान ऽ आपऽ ओषधयः सन्त्षिति ॐ आपः शिवाः शिवतमाः शान्ताः शान्ततमाः तास्ते कृण्वन्तु भेषजमिति।।

यजमान मूर्द्धानमभिषिञ्चति।।

ततः दुर्मित्रियास्तस्मै सन्तुयोस्मान्द्वेष्टियं च वयं द्विष्मः। इति ईशान्यां प्रणीतांन्युब्जी कुर्यात्—ईशान कोण में प्रणीता। (जल को उलट दें।)"

ततः परिस्तरण क्रमेण वर्हि रुत्थाप्याज्येन नामिर्धाय।

ॐ देवता गातु विदोगातुं वित्वागानुमित मनसस्पत ऽ इम देवयज्ञ ७ स्वाहा वातेधाः स्वाहा।।

इति मन्त्रेण हस्तेमैव जुहूयात्।।

ततः कलश जलं एकस्मिन्पात्रेनिधाय दूर्वयायजमान।। (१)

मूर्द्ध निषिचेत (कलश जल एक पात्र में ले यजमान का अभिषेक करें)।

आपोहिष्ठात्यादि ३ मन्त्रे—आपोऽअस्मान्मातरः शुन्धयन्तु घृतेननो घृतष्वः पुनन्तु विश्व ७ हिरिप्रम्प्रवहन्ति देवी रुदिदाम्यः शुचि रापूत

ऽएमि इदमापः प्रवऽतात्वद्यञ्चयत् यच्चाभिदु द्रोहानृतन्यच्चशेषेऽअमीरुणाम् आपीमा तस्मा देनसः पव मानञ्यमुच्चतः। शिरोमे श्रीर्यशोश्वान्त्वेषि केशाश्चशमश्रूणि। राजा मे प्राणोऽअमृतर्ठ० सम्राट चक्षुर्विराट श्रोतम्। जिह्वा मे भद्रं वाङ्म हो मनो मन्युः स्वराड्भामः मोदाः प्रमोदाऽअंगुली रंगानि मित्रम्मे सह। बाहू मे बल मिद्रय ७ हस्तौ मे करर्मणम् वीर्यम। आत्माक्षत्र मुरोमम। पृष्ठीर्मराष्ट्रमुदरम ७ सौग्रीवाश्च श्रोणी। अरु अरत्नी जानुनी विशोमेङ्गानि सर्वतः।

नाभिर्मेचित्ताम्बिज्ञानम्पायुर्मेपचितिर्भसत्। आनन्दनन्दा वाण्डोमेभगः सौभाग्यम्पसः जंघाभ्यां, पद्भ्यां धर्मोस्मिविशिराजा प्रतिष्ठितः। यतोयतः समीह से ततोनोऽभयङ्करु। शन्न कुरु प्रजाभ्योभयन्नः पशुभ्यः अथ पुराणोक्त मंत्रः।

सुरास्त्वामभिषिञ्चन्तु ब्रह्मविष्णु महेश्वराः। वासुदेवो जगन्नाथ स्तथा संकर्षणोविभुः। प्रद्युम्नश्चानिरुद्रश्च भवन्तु विजयायते। आचाण्डलोग्निर्भगवान्यमोवैनिर्ऋतिस्तथा। वरुण पवनश्चैव धनाध्यक्षस्तथाशिवः। ब्रह्मणा सहिताः सर्वेदिग्पालाः पान्तुते सदा। कीर्तिर्लक्ष्मीर्घृतिर्मेधापुष्टिः श्रद्धाक्रियामतिः। बुद्धिर्लज्जा वपुः शान्तिस्तुष्टिः कान्तिश्चमातरः।।

एतास्त्वामभिषिञ्चन्तु देव पत्न्यः समागताः। आदित्यश्चन्द्रमाभौमबुधजीव सितार्कजाः। ग्रहास्त्वामत्रिषिञ्चन्तु राहु केतुश्चतर्पिताः। देव दानव गन्धर्वाः यक्ष राक्षसपन्नगाः। ऋषयो मनवोगावो देवमातर एवच। देव पत्न्यो द्रुमानागा दैत्याश्चाप्सर सांगणाः। अस्याणि सर्व शस्त्राणि राजानो वाहनानि च। ओषधानिचरत्नानिकालस्या वयवाश्चये। सरितः सागराः शैलास्तीर्थानि जलदाः नदाः। एतेत्वामभिषिञ्चन्तु सर्व कामार्थ सिद्धये द्यौ० शान्तिरन्तरिक्ष ७ शान्तिः०।।

आरती

कर्पूरगौरं करुणावतारं संसार सारं भुजगेन्द्रहारं।
सदा वसन्तं हृदयार्विन्दे, भवं भवानी सहित नमामि।।
माया कुण्डलनीक्रिया भगवति देवी सदा शाम्भवी।
शक्ति शंकर वललभास्त्रिनयनां भगवान नी भैरवी।

ह्रीं कारे स्पुरापरमणि माता कुमारीश्वरी।।
जय अम्बे गौरी मैया जय अम्बे गौरी।।
मैया जय मंगल करणी, मैया जय आनन्द करणी।
तुमको निशिदिन ध्यावत हरि ब्रह्मा शिवरी। जय।
मांग सिन्दूर विराजत टीको मृगमद को। मैया टीको।
उज्ज्वल से दोउ नैना, चन्द्र बदन नीको। जय अंबे।
कनक समान कलेवर रक्ताम्बर राजे। मैया रक्तां।
रक्त पुष्प गल माला, कण्ठन पर साजे। जय अंबे।
केहरि वाहन राजत, खड्ग खप्पर धारी। मैया खड्ग।
सुर नर मुनि जन सेवत, तिनके दुःखहारी । जय अंबे।
कानन कुण्डल शोभित, नाशाग्रे मोती। मैया नाशा।
कोटिक चंद्र दिवाकर राजत सम ज्योति। जय अंबे।
शंभु निशुंभ विदारे, महिषासुर घाती। मैया महिषासुर।
धूम्र विलोचन नैना, निशिदिन मदमाती। जय अंबे।
चण्ड-मुण्ड संहारे शोणित बीज हरे। मैया शोणित।
मधु कैटभ दोउ मारे सुर भय हीन करे। जय अंबे।
तू ब्रह्माणी तू रुद्राणी तुम कमलारानी। मैया तुम।
आगम निगम बखानत तुम शिव पटरानी। जय अंबे।
चौंसठ योगिनि गावत नृत्य करत भैरू। मैया नृत्य।
बाजत ताल मृदंगा, और बाजत डमरू। मैया अंबे।
तुम ही जग की माता तुम ही हो भरता। मैया तुम।
भक्तन की दुःख हर्ता, सुख संपत्ति करता। जया अंबे।
भुजा चार अति शोभित, वर मुद्रा धारी। मैया।
मन वांछित फल पावत, सेवत नर नारी। जय अंबे।
कंचन थाल विराजत अगर कपुर बाती। मैया अगर।
श्रीमाल कोटि में राजत कोटि रतन ज्योति। जय अंबे।
अंबे जी की आरती जो कोई नर गावे। मैया जो
कहत शिवानन्द स्वामी, सुख संपति पावे। जय अंबे।

आरती रखकर शंख में जल लेकर आरती उतारें व थोड़ा-थोड़ा दोनों ओर जल शंख से छोड़ते रहें व निम्न मन्त्र पढ़ें—

ॐ द्यौः शान्तिरतरिक्ष ४ शन्तिः पृथिवी शान्ति रापः शान्तिरोषधयः

शान्तिः व्वन्स्पतयः शान्तिर्व्विश्वेदेवाः शान्तिर्व्रह्म शान्तिः सर्व्व छशान्तिः शान्तिः रेव्व शांतिः सा मा शान्तिरेधि।।

थोड़ा जल दाहिने हाथ में लेकर उपस्थित लोगों पर छिड़क कर निम्न मंत्र हाथों में पुष्प लेकर बोलें।

मन्त्र पुष्पाञ्जलिः

ॐ यज्ञेन यज्ञमयजन्त देवास्तानि धर्म्माणि प्रथमान्यासन्।
तेहना कम्महिमानः सचन्त यत्र पूर्वे साध्याः सन्ति देवाः।।
ॐ राजाधिराजाय प्रसह्य साहिनेनमोवयं वैश्रवणाय कुर्महे।।
समे कामान्कामकामायमह्यं।।
कामेश्वरो वैश्रवेण ददातु कुबेराय वैश्रवणाय राजाधिराजाय महाराजाय नमः।।

ॐ स्वस्ति साम्राज्यं भोज्यं स्वराज्यं वैराज्यं पारमेष्ठ्यं राज्यं महाराज्यमाधिपत्यमयं समन्त पर्यायी स्यात् सार्वभौमः सार्वायुष आन्तादापरार्धात्।।

पृथिव्ये समुद्र पर्यान्ताया एकराडिति।
तदप्येष श्लोकोभिगीतो मरुतः परिवेष्टारो मरुत्तस्या वसन गृहे।।
अविक्षितस्य कामप्रेविश्वेदेवाः सभासद इति।
ॐ विश्वतश्चक्षुरुत विश्वतो मुखो बाहुरत व्विश्व तस्पात्।
सम्बाहुभ्यान्धमति सम्पतत्रैर्द्यायाया भूमी जनयन्देव एकः।।
मन्त्र पुष्पाञ्जलिं समर्पयामि नमः।।
सेवन्तिका बकुल चंपक पाटलाब्जैः।
पुननाग जाति कर वीर रसाल पुष्पैः।।
बिल्व प्रवाल तुलसीदल मंजरीभिः।
त्वां पूजयामि जगदीश्वरि मे प्रसीद।।
हापोहं पाप कर्म्मा ह पापात्मा पाप संभव।।
त्राहि मां सर्वदा मातः सर्व पाप हरा भव।।

दुर्गा गायत्री

ॐ महादेव्यै विद्महे दुर्गायै धीमहि शन्नो देवी प्रचोदयात्।
अब बार-बार नमस्कार करें।

प्रदक्षिणा

ॐ यः शुचिः प्रयतोभूत्वा जुहूयादाज्य मन्वहम्।
सूक्तं पञ्चदशर्यञ्च श्रीः कामः सततं जपेत्
ॐ ये तीर्थानि प्रचरन्ति सृका हस्ता निषङ्गिणः।।
तेषाꣳ सहस्त्र योजने वधन्वानि तन्मसि।।
नमस्ते देव देवेशि! नमस्ते ईप्सितप्रदे।।
नमस्ते जगतां धात्रि! नमस्ते शंकर प्रिय!

साष्टाङ्ग प्रणाम करें

नमः सर्व हितार्थायै जगदाधार हेतवे।
साष्टांगोऽय प्रणामस्ते प्रयत्नेन मयाकृतः।।

शान्ति-पाठ

ॐ दुर्गा शिवां शान्तिकरीं ब्रह्माणीं ब्रह्मणः प्रियाम्।
सर्वलोक प्रणेत्रीं च प्रणमामि सदाम्बिकाम्।।
मंगला शोभनां शुद्धां निष्कलां परमां कलाम्।
विश्वेश्वरीं विश्वधात्रीं चण्डिकां प्रणमाम्यहम्।।
सर्व देवमयीं देवीं सर्व लोक भयापहाम्।
ब्रह्मेश विष्णु नमितां प्रणामामि सदा उमाम्।।
विन्ध्यस्थां विन्ध्यनिलया दिव्यस्थान निवासनीम्।।
योगिनीं योगजननीं चण्डिकां प्रणमाम्यहम्।।
ईशान मातरं देवीमीश्वरीमीश्वर प्रियाम्।
प्रणतोस्मि सदा दुर्गां संसारार्णव तारिणीम्
य इदं पठति स्तोत्रं श्रृणुयाद्वापि यो नर।
स मुक्तः सर्व पापेभ्यो मोदते दुर्गया सह।।

वर प्राप्ति के लिए प्रार्थना

रूपं देहि यशोदेहि भगं भगवति! देहि मे।
पुत्रान्देहि धनं हि सर्वन्कामांश्च देहि मे।।
ॐमहिषाग्नि! महामायो! चामुण्डे! मुण्डमालिनि!
आयुरारोग्य विजयं देहि देवि! नमोस्तुते।।
भूत प्रेत पिशाचेभ्यो रक्षोभ्यः परमेश्वरि।

भयेभ्यः मानुषेभ्यश्च देवेभ्यो रक्ष मां सदा।।
सर्व मंगल मांगल्ये शिवे! सर्वार्थ साधिके।
उमे! ब्रह्माणि! कौमारि! विश्वरूपे! प्रसीद मे।।
कुंकुमेन समा लब्धे चन्दनेन विलेपिते।
विल्व पत्रकृतां पीडे दुर्गे! त्वां शरणं गतः।।
गतं पापं गतं दुःखं गतं दारिद्र्यमेव च।
आगता सुख सम्पत्तिः पुण्यांच्चतव दर्शनात्।।
ॐ हर पापं हर क्लेशं हर शोकं हरसुखम्।
हर रोगं हर क्षोभं हर मारीं हरप्रिये!
ॐ कायेन मनसा वाचा कर्मणा यत्कृतं मया।
ज्ञानाज्ञान कृतं पापं दुर्गे! त्वं हर दुर्गतिम्।।
पूजा फलाग्नि कार्याद्यैः सुकृतं यन्मयार्चितम्।
तत्सर्वं फलदं मेस्तु मुक्तिं भुक्तिं च देहि मे।।
लक्ष्मि! त्वत्प्रज्ञयानित्यं कृता पूजा तवाज्ञया।
स्थिरा भव गृहेह्यस्मिन्मम सन्तान कारिणि।।

श्री कालिका-स्तवन

अयि गिरि नन्दिनि नन्दित मेदिनि,
विश्वविनोदिनि नन्दिनुते।
गिरिवर विन्ध्यशिरोधिनिवासिनि,
विष्णु विलासिनि जिष्णुनुते।।
भगवति हे शितिकण्ठ कुटुम्बिनि,
भूरि कुटुम्बिनि भूतकृते।
जय जय हे महिषासुर मर्दिनि,
रम्य कपर्दिनि शैल सुते।।
अयि जगदम्ब कदम्ब वन प्रिय
वासिनि वासिन वातरते।
शिखर शिरोमणि तुंग हिमालय,
श्रृंगनिजालय मध्यगते।।
मधुमधुरे मधुरे मधुरे,
मधुकैटभ भंजनि रासरते।
जय जय हे महिषासुर मर्दिनि।
रम्य कपर्दिनि शैलसुते।।
सुर वर वर्षिणि दुर्धरधर्शिणि,
दुर्मुखमर्षिणि द्योषरते।
दनुजन रोषिणि दुर्मुखशोषिणि,
भवभयमोचनि सिन्धु सुते।।
त्रिभुवन पोषिणि शंकर तोषिणिं,
किल्विषमोचनि हर्षरते।
जय जय हे महिषासुर मर्दिनि,
रम्य कपर्दिनि शैलशुते।।
अयिशतखण्ड विखण्डितरुण्ड
वितुण्डित शुण्ड गजाधिपते।
रिपुगणदंडविदारण खंड,
पराक्रम चण्ड मठाधिपते।।
जय जय हे महिषासुर मर्दिनि,
रम्य कपर्दिनि शैलसुते।।
अयि सुमनः सुमनः सुमनः,

सुमनः सुमनोरम कान्तियुते।
श्रुति रजनी रजनी रजनी
रजनी रजनीकर चारुयुते।
सुनयन विभ्रमरभ्रमरभ्रमर
भ्रमरभ्रमराधिपते।
जय जय हे महिषासुर मर्दिनि,
रम्य कपर्दिनि शैलसुते।।
सुरललना प्रतिथे वितथे,
वितथेनियमोत्तर नृत्यरते।
धुधुकट घुङ्गड़धुङ्गड़दायक,
दानकुतूहल गान रते।।
धुंकुट धुंकुट धिद्विमितिध्वनि,
धीर मृतंग निनादरते।
जय जय हे महिषासुरमर्दिनि,
रम्य कपंर्दिनि शैलसुते।।
जय जय जाप्यजये जयशब्द
परिस्तुति तत्पर विश्वनुते।
भिणि भिणि भिणि भिणि भिंकृत नूपुर,
भिन्जित मोहित भूतरते।।
युनटि नटार्द्धनटी नट नायक,
नायक नाटितनूपुरुते।
जय जय हे महिषासुर मर्दिनि,
रम्य कपर्दिनि शैलसुते।।
महित महाहवमल्लिम तल्लिम,
दल्लित वल्लज भल्लरते।
विरचित पुल्लिक पुल्लिक मल्लिक,
भल्लिकमल्लिक वर्गयुते।।
कृतकृत कुल्ल समुल्लसतारण,
तल्लिज वल्लव साललते।
जय जय हे महिषासुर मर्दिनि,
रम्य कपर्दिनि शैलसुते।

यामाता मधुकैटभ प्रमथिनी या माहिषोन्मूलनी।
या धूम्रेक्षण चण्डमुण्ड मथिनी या रक्तवीजाशनी।।
शक्तिः शुम्भ निशुम्भ दैत्य दलिनी या सिद्धि लक्ष्मी परा।।
सा चण्डी नवकोटि शक्ति सहिता मां पातु विश्वेश्वरी।।

तेरहों अध्याय के ध्यान

प्रथमोऽध्यायः

खड्गं चक्रगदेषु चापपरिघाञ्छूलं भुशुण्डीं शिरः
शंखं संदधतीं करैस्त्रिनयां सर्वाङ्गभूषावृताम्।
नीलाश्मद्युतिमास्यपाद दशकां सेवे महाकालिकां
यामस्तौत्स्वपिते हरौ कमलजो हन्तुं मधुं कैटभम्।।

द्वितीयोऽध्यायः

ॐ अक्षस्त्रक् परशुं गदेषु कुलिशं पद्मं धनुष्कुण्डिकां
दण्डं शक्ति मसिं च चर्म जलजं घण्टां सुराभाजनम्।
शूलं पाश सुदर्शने च दधतीं हस्तैः प्रसन्नाननां
सेवे सैरिभ मर्दिनीमिह महालक्ष्मीं सरोजस्थिताम्।।

तृतीयोऽध्यायः

ॐ उद्यद्भानु सहस्रकान्तिमरुणक्षौमां शिरोमालिकां
रक्तालिप्त पयोधरां जपवटीं विद्यामभीतिं वरम्।
हस्ताब्जैर्दधतां त्रिनेत्रविलसद्वक्त्रारविन्दश्रियं
देवीं बद्धहिमांशु रत्न मुकुटां वन्देऽरविन्द स्थिताम्।।

चतुर्थोऽध्यायः

ॐ कालाभ्राभां कटाक्षैररिकुलभयदां मौलिबन्द्धेन्दुरेखां
शंखं चक्रं कृपाणं त्रिशिखमपि करैरुद्वहन्तीं त्रिनेत्राम्।
सिंहस्कन्धाधिरूढ़ां त्रिभुवनमखिलं तेजसा पूरयन्तीं
ध्यायेद् दुर्गा जयाख्यां त्रिदशपरिवृतां सेवितां सिद्धिकामैः।।

पंचमोऽध्यायः

ॐ घण्टा शूल हलानि शंखमुसले चक्रं धनुः सायकं
हस्ताब्जैर्दधतीं घनान्तविलसच्छीतांशुतुल्यप्रभाम्।
गौरीदेहसमुद्भवां त्रिजगतामाधार भूतां महा
पूर्वामत्र सरस्वती मनुभजे शुम्भादिदैत्यार्दिनीम्।।

षष्ठोध्यायः

ॐ नागाधीश्वरविष्टरां फणिफणोत्तंसोरुरत्नावली
भास्वद्देहलतां दिवाकरनिभां नेत्रत्रयोद्भासिताम्!
माला कुम्भकपाल नीरजकरां चन्द्रार्धचूड़ां परां
सर्वज्ञेश्वर भैरवाङ्क निलयां पद्मावतीं चिन्तये।।

सप्तमोऽध्यायः

ॐ ध्यायेयं रत्नपीठे शुककल पठितं श्रृण्वतीं श्यामलांगीं
न्यस्तै काङ्घ्रि सरोजे शशिशकलधरां वल्लकीं वादयन्तीम्
कहलाराबद्ध मालां नियमितविलसच्चोलिकां रक्त वस्त्रां।
मातङ्गी शङ्खपात्रां मधुरमधुमदां चित्र कोद्भासि भालाम्।।

अष्टमोऽध्यायः

ॐ अरुणां करुणातरंगिताक्षी घृतपाशाङ्कशबाण हस्ताम्।
अणिमादिभिरावृतां मयूखैरहमित्येव विभावये भवानीम्।।

नवमोऽध्यायः

ॐ बन्धुक काञ्चननिभं रुचिराक्ष मालां
पाशांङ्कुशौ च वरदां निज बाहु दण्डैः।
विभ्राणमिन्दुशकलाभरणं त्रिनेत्र-
मर्धाम्बिकेशमनिशं वुराश्रयामि।।

दशमोऽध्यायः

ॐ उत्त्प्तहेरुचिरां रवि चन्द्र वह्नि
नेत्रां धनुश्शर युताङ्कुश पाशु शूलम्।
रम्यैर्भुजैश्च दधतीं शिव शक्ति रूपां
कामेश्वरीं हृदि भजामि धृतेन्दुलेखाम्।।

एकादशोऽध्यायः

ॐ बालरविद्युतिमिन्दु किरीटां तुङ्गकुचां नयनत्रययुक्ताम्।
स्मेरमुखी वरदाङ्कुशपाशा भीतिकरां प्रभजे भुवनेशीम्।।

द्वादशोऽध्यायः

विद्युद्दामसमप्रभां मृगपतिस्कन्धस्थितां भीषणां
कन्याभिः करवाल खेटविलसद्धस्ताभिरासेविताम्।
हस्तैश्चक्रगदासिखेटविशिखांश्चापं गुणं तर्जनीं
विभ्राणामनलात्मिकां शशिधरां दुर्गां त्रिनेत्रां भजे।।

त्रयोदशोऽध्याय

ॐ बालार्कमण्डलाभासां चतुर्बाहुं त्रिलोचनाम्।
पाशाङ्कुशवराभीतीर्धारयन्तीं शिवां भजे।।

सिद्धकुन्जिकास्तोत्रम्

शिव उवाच

श्रृणु देवि प्रवक्ष्यामि कुन्जिकास्तोत्रमुत्तमम्।
येन मन्त्रप्रभावेण चण्डीजापः शुभो भवेत्।।
न कवचं नार्गलास्तोत्रम् कीलकं न रहस्यकम्।
न सूक्तं नापि ध्यानं च न न्यासो न च वार्चनम्।।
कुन्जिकापाठमात्रेण दुर्गापाठफलं लभेत्।
अति गुह्यतरं देवि देवानामपि दुर्लभम्।।
गोपनीयं प्रयत्नेन स्वयोनिरिव पार्वति।
मारणं मोहनं वश्यं स्तम्भनोच्चाटनादिकम्।
पाठमात्रेण संद्धियेत् कुन्जिकास्तोत्रमुत्तमम्।।

अथ मन्त्रः

ॐ ऐं ह्रीं क्लीं चामुण्डायै विच्चे।। ऊं ग्लौं हुं क्लीं जूं सः
ज्वालय ज्वालय ज्वल ज्वल प्रज्वल प्रज्वल ऐं ह्रीं क्लीं
चामुण्डायै विच्चे ज्वल हं सं लं क्षं फट् स्वाहा।

इति मन्त्रः

नमस्ते रुद्ररूपिण्यै नमस्ते मधुमर्दिनि।
नमः कैटभहारिण्यै नमस्ते महिषार्दिनि।।
नमस्ते शुम्भहन्त्र्यै च निशुम्भासुरघातिनि।।
जाग्रतं हि महादेवि जपं सिद्धं कुरुष्व मे।

ऐंकारी सृष्टिरूपायै ह्रींकारी प्रतिपालिका।।
क्लींकारी कामरूपिण्यै बीजरूपे नमोऽस्तु ते।
चामुण्डा चण्डघाती च यैकारी वरदायिनी।।
विच्चे चाभयदा नित्यं नमस्ते मन्त्ररूपिणि।
धां धीं धूं धूर्जटेः पत्नी वां वीं वूं वागधीश्वरी।
क्रां क्रीं क्रूं कालिका देवि शां शीं शूं मे शुभं कुरु।।
हुं हुं हुंकाररूपिण्यै जं जं जं जम्भनादिनी।
भ्रां भ्रीं भ्रूं भैरवी भद्रे भवान्यै ते नमो नमः।।
अं कं चं टं तं पं यं शं वीं दुं ऐं वीं हं क्षं।
धिजाग्रं धिजाग्रं त्रोटय त्रोटय दीप्तं कुरु कुरु स्वाहा।
पां पीं पूं पार्वती पूर्णा खां खीं खूं खेचरी तथा।।
सां सीं सूं सप्तशती देव्या मन्त्रसिद्धिं कुरुष्व मे।
इदं तु कुन्जिकास्तोत्रम् मन्त्रजागर्तिहेतवे।
अभक्ते नैव दातव्यं गोपित रक्ष पार्वती।।
यस्तु कुन्जिकया देवि हीनां सप्तशतीं पठेत्।
न तस्य जायते सिद्धिररण्ये रोदनं यथा।।

देव्यापराधक्षमापनस्तोत्रम्

न मन्त्रं नो यन्त्रं तदपि च न जाने स्तुतिमहो
न चाह्वानं ध्यानं तदपि च न जाने स्तुतिकथाः।
न जाने मुद्रास्ते तदपि च न जाने विलपनं
परं जाने मातस्त्वदनुसरणं क्लेशहरणम्।
विधेरज्ञानेन द्रविणविरहेणालसतया
विधेयाशक्यत्वात्तव चरणयोर्या च्युतिरभूत।
तदेतत् क्षन्तव्यं जननि सकलोद्धारिणिशिवे
कुपुत्रो जायेत क्वचिदपि कुमाता न भवति।
पृथिव्यां पुत्रास्ते जननि बहवः सन्ति सरलाः
परं तेषां मध्ये विरलतरलोऽहं तव सुतः।
मदीयोऽयं त्यागः समुचितमिदं नो तव शिवे
कुपुत्रो जायेत क्वचिदपि कुमाता न भवति।।
जगन्मातर्मातस्तव चरणसेवा न रचिता
न वा दत्तं देवि द्रविणमपि भूयस्तव मया।

तथापि त्वं स्नेहं मयि निरुपमं यत्प्रकुरुषे
कुपुत्रो जायेत क्वचिदपि कुमाता न भवति।।
परित्यक्ता देवा विविधविधसेवाकुलतया
मया पंचाशीतेरधिकमपनीते तु वयसि।
इदानीं चेन्मातस्तव यदि कृपा नापि भविता
निरालम्बो लम्बोदरजननि कं यामि शरणम्
श्वपाको जल्पाको भवति मधुपाकोपमगिरा
निरातंको रंको विहरति चिरं कोटिकनकैः।
तवापर्णे कर्णे विशति मनुवर्णे फलमिदं
जनः को जानीते जननि जननीयं जपविधौ।।
चिताभस्मालेपो गरलमशनं दिक्पटधरो
जटाधारी कण्ठे भुजगपतिहारी पशुपतिः।
कपाली भूतेशो भजति जगदीशैकपदवीं
भवानि त्वत्पाणिग्रहणपरिपाटीफलमिदम्।।
न मोक्षस्याकांक्षा भवविभववांछापि च न मे।
न विज्ञानापेक्षा शशिमुखि सुखेच्छापि न पुनः।
अतस्त्वां संयाचे जननि जननं यातु मम वै
मडानी रुद्राणी शिव शिव भवानीति जपतः।।
नाराधितासि विधिना विविधोपचारैः
किं रुक्षचिन्तनपरैर्न कृतं वचोभिः।
श्यामे त्वमेव यदि किंचन मय्यनाथे
धत्से कृपामुचितम्ब परं तवैव
आपत्सु मग्नः स्मरणं त्वदीय करोमि दुर्गे करुणार्णवेशि।
नैतच्छठत्वं मम भावयेथाः क्षुधातृषार्ताः जननीं स्मरन्ति
जगदम्ब विचित्रमत्र किं परिपूर्णा करुणास्ति चेन्मयि।
अपराधपरम्परापरं न हि माता समुपेक्षते सुतम्
मत्समः पातकी नास्ति पापघ्नी त्वत्समा न हि।
एवं ज्ञात्वा महादेवि यथायोग्यं तथा कुरु।।

मन इच्छित सफल दुर्गा मन्त्र

स्वप्नेश्वरी व दैविक आवाज

ॐ जयन्ती मंगला काली भद्र काली कपालिनी।

दुर्गा क्षमा शिवा धात्री स्वाहा स्वधा नमोऽस्तुते।।

विधि–स्नान कर शुद्ध हो, साफ धुले वस्त्र पहनकर, सवा गज लीप करके आसन बिछा लें। ऊपर लाल वस्त्र बिछावें। सामने दुर्गा की मूर्ति या फोटू की स्थापना करें: भोग के लिए आधा किलो गाय का दूध, दो पेड़े, एक छटांक चावल मिट्टी के सकोरे में डालकर सफेद वस्त्र से ढक दें। मन्त्र की २१ माला का जाप अर्धरात्रि में करें। धूप चढ़ावें, दीपक प्रज्वलित करें। जपने से पूर्व प्रथम लौंग, सुपारी पुष्प लेकर इच्छित कार्य का संकल्प करें और उसे मंगल कलश में डाल दें। इस प्रकार यह जाप नौ दिन नवरात्रि में ही करें तो कार्यकाल में कभी भी स्वप्न या प्रत्यक्ष आवाज से ही सही अनुभव हो जाता है। परन्तु कर्म संयोग से मुझे तो दूसरे दिन ही साक्षात्कार में दर्शन हुए। जिसकी कल्पना करना भी असंभव था और १५ से २० मिनट तक शेर पर सवार दुर्गा जी से काफी वार्तालाप हुआ। दुर्गा ने कहा, "भक्त! क्या चाहते हो । मैंने दो बार कहा आपकी कृपा से सभी प्रकार का आनन्द है। जबाब में कहा, भक्त, अब मेरे बिना कहे तीसरी बार इनकार मत करना। तुम्हारे मन की भावना मैं समझ गई हूं। और उसका उत्तर वह होता है। सो तुम मेरी आज्ञा से इसी प्रकार करना और भविष्य में भी वक्त पर याद करना। इतना कह कर देवी अन्तर्धान हो गईं। और उनका वचन ईश्वर के समान पूर्ण हुआ। स्वर व्यंजन तक का भी अंतर न था। यह सब क्रिया मन, वचन, कायस्थान की शुद्धता, व एकाग्रता-पूर्वक करनी होगी अगले दिन उस कुल्हड़, फलादि को कन्या को देना या जलाशय में डाल देना चाहिए। कपड़ा धोकर अगले दिन कुल्हड़ पर रखना अवश्यम्भावी है।

सर्वा बाधा निवारणार्थ

सभी बाधाओं से छुटकारा पाने के लिए।

छः-सात वर्ष पूर्व की लगभग बात रही होगी। वे पीछे ही पड़ गये थे। अपने व्यवसाय में निरन्तर हानि ही उठा रहे थे। हर संभव-असंभव प्रयास करने पर भी मार्ग दर्शन नहीं हो पा रहा था। यों कहूं कि वे सब प्रकार से निराश हो चुके थे। उन्हीं दिनों एक सज्जन ने उनसे, मुझसे मिलने की सलाह दी। उसी दिन से वे पीछे पड़ गए थे। ज्योतिष व कर्मकाण्ड मेरा मनचिता, मनचाहा विषय रहा है। मैंने उनसे उनकी जन्मपत्री मंगवा कर देखी। दशा सत्यतः ऐसी थी कि शुभ हेतु किये गये, प्रयास भी निष्फल होते जा रहे थे। तृतीयेश की दशा और भाग्येश का अन्तर। आधा अन्तर व्यतीत हो चुका था। जन्मपत्री देखने पर वस्तुस्थिति मैं भली प्रकार समझ गया था, गोचर देखा तो पाया कि स्वयं धन कारक बृहस्पति वक्री है। सोचता रहा, सोचता रहा, अन्ततः उन्हें अगले दिन आने के लिए कहा।

रात को स्नानादिक कर पूजार्चन कर, मां भवानी जगदम्बा का ध्यान किया। आदेश मिला—"सर्वा बाधा विनिर्मुक्तो" को काम में लें, एवं बीसा यन्त्र का उपयोग करें। इतने पर भी मन का उच्चाटन नहीं गया। उहापोह की स्थिति बनी रही। दूसरे दिन ताम्रपत्र पर यन्त्र बनाकर दिया एवं उक्तं मन्त्र का शुद्ध उच्चारण का अभ्यास करवाया। देखते ही देखते प्रभाव उन सज्जन को प्राप्त हुआ। आज वे आनन्दमय जीवन-यापन कर रहे हैं।

घटना जून १९७४ की है। मैं अति आवश्यक कार्य में उत्तर प्रदेश गया था। गये हुए सप्ताह भर हुआ कि सहारनपुर में तार मिला कि पूज्या मातुश्री अस्वस्थ हैं। मन माना नहीं, दो दिन बाद घर जा पहुंचा।

देखा घर के सभी गणमान्य आबालवृद्ध, नर-नारी माताजी की सेवा में रत हैं पर माता जी का स्वास्थ्य गिरता ही जा रहा है। डॉक्टरों से सम्पर्क किया गया पर वे संतोषजनक उत्तर नहीं दे पाये। डॉक्टर वर्मा ने स्पष्ट कहा—"श्रीमाली जी, सत्य तो यह है कि रोग ही समझ में नहीं आ रहा है।"

उदास मन रात्रि को शान्त, कोलाहल रहित वातावरण मिलने पर मां भगवती का ध्यान-स्तव । किया। यकायक आदेश पाया। "वत्स, मेरी पूजा कर 'सर्वा बाधा के संपुटित ग्यारह पाठ करो।" "मां आज्ञा शिरोधार्य।"

दूसरे ही दिन ब्राह्मणों को आमंत्रित किया, विधिपूर्वक पूजन कर संपुटित पाठ प्रारम्भ किये। ईश कृपा से दो ही दिन में मां पूर्ण स्वस्थ थीं। डॉक्टर स्वयं भी चकित थे कि ऐसा चमत्कारी प्रभाव कैसे हुआ?

कार्यवश मेरठ जाना पड़ा। एक शिष्य विशेष के यहां ठहरा थ। जाने पर ज्ञात क्या, ऐसा आभास हुआ कि घर पर उदासीनता है। सायंकाल भोजनोपरान्त कारण पूछा पर कोई भी व्यक्ति उत्तर नहीं दे पा रहा था। शायद वे सोचते थे, अपनी व्यथा कह पंडित जी को क्यों पीड़ित करें? पर बहुत जोर देने पर कहा कि चार दिन हुए चोरी हो गई है। जो कुछ भी था, वह चला गया है।

रात को मां की कृपा से पुनः आदेश मिला कि सर्वाबाधा! का जाप करें। सात दिन में स्वतः अपना धन पा लेंगे। दूसरे ही दिन मैंने पूरे घर के समझदार सदस्यों से उक्त मन्त्र का जाप करवाया।

आप विश्वास नहीं करेंगे पर यह सत्य है कि पांचवें ही दिन चोर सामान को घर में रात्रि में फेंक गये। प्रातः उठकर जब दृश्य देखा तो आंखों में प्रेमाश्रु बहने लगे। सचमुच मां देवी के प्रभाव को कौन जान सकता है?

मन्त्र

सर्वा बाधा प्रशमनं त्रैलोकस्याखिलेश्वरी।
एवमेव त्वया कार्यस्मद्वैरि विनाशनम्।।

(यह श्लोक दुर्गा सप्तशती के एकादश अध्याय का ३९ वां मंत्र है।)

जप विधि—

सर्वप्रथम आचमन, प्राणायाम, गणपति पूजनोपरान्त संकल्प करें।

अब विनियोग करें—

ॐ अस्य श्री मार्कण्डेय पुराणान्तर्गते भवानी चरितान्तर्गत रिपु रोग दारिद्र्य निवारण सर्वाबाधेत्यस्य भगवान वेदव्यास ऋषिः

अनुष्टुप् छंदः शुंभासुर विध्वंसिनि दुर्गा देवता रिपु-रोग दारिद्रय नाशार्थे जपे विनियोगः प्रणवादि सर्वत्र न्यास करें।

ध्यान

पाणि ग्रन्थितमीलितो रिपुगणन्निध्नंत्य भीक्ष्णं मुहुः,
विघ्नध्वंसन कारिणी निज पद प्राप्तानुवन्ती जनान्।
भक्त त्राण परापरा भयकरी विद्वेषिणी सर्वतो,
भूयान्मे भव भूतये भगवती दुर्गारिगर्वापहा।।

एवं ध्यात्वा सर्वाबाधा.............लक्ष्य जपः और गुग्गल से ११० भाग आहुति दें।

मन्त्र ससंपुट जपना सर्वोत्तम है जो यों है—

मन्त्र—

ॐ ह्रीं सर्वाबाधा प्रशमनं, त्रैलोकस्याखिलेश्वरि।
एवमेव त्वया कार्यमस्मद्वैरि विनाशनम्।।

ह्रीं ॐ ।। फट् स्वाहाः ।।

इसके प्रयोग के लिए शुद्धाचरण, पवित्रता, भूमि पर शयन, एक बार भोजन, वासना से दूर रहना आवश्यक है।

यह मन्त्र बाधाओं का नाश, शत्रु को परास्त करता है। पारस्परिक वैर भाव से मुक्ति देते हुए मनवांछित कार्यसिद्धि, नौकरी में उन्नति, व्यापार में लाभ व रोग से मुक्ति प्राप्त होती है।

दीपदान

सौवर्ण ताजतं ताम्र कांस्य लोह च मार्तिकम्।
गोधम् मांष मुदगाना चूर्णेन घटितं तथा।
सौवर्ण कार्य सिद्धिः स्याद्रोप्ये वश्यं जगद्भवेत्।
ताम्रं तयोरभावेऽपि, कांस्ये विद्वेषं भवेत्।
मारणं चूर्ण घटिते विवादे विजयोभवेत्।
माषजे शत्रु संस्तभो मोद्गेस्याच्छान्ति सत्तमा।
संधि कार्ये नदी कूलद्वय मृत्स्ना समुद्भवम्।
अलाये सर्व पात्राणां कुर्या ताम्रं च मार्तिकम्।।

सोने के दीपक से कार्य सिद्धि तथा चांदी के दीप से जगत

वश में होता है। इनके अभाव में तांबे के दीपक का प्रयोग हो सकता है। कांसे, लोहे तथा मिट्टी के दीपकों को क्रमशः विद्वेषण, मारण और उच्चाटन में प्रयोग में लाना चाहिए। गेहूं के आटे के दीपक से विवाद में विजय, उड़द के दीपक से शत्रु का स्तम्भन तथा मूंग के आटे के दीप से शान्ति होती है। सन्धि कार्यों में नदी के दोनों तटों की मिट्टी का दीप बनाएं। अन्य दीपक न होने पर तांबे या मिट्टी के दीपक को सभी कार्यों में लिया जा सकता है।

सुवर्णादिजे दीपे सुवर्णादिमान तत्रैव

सहस्त्रं पल संख्याया पात्रं शतपलैः स्मृतम्।
शतार्द्धपल मानेतु त्रिंशतापाय मुत्तमम्।
पादोन शत संख्याया षष्टिकं पात्रमुच्यते।
शतमानेतदर्द्धतदधिकं पलं संयुत्तम्।
सहस्त्र संख्यके प्रोक्तं दिग्पले दिग्पलं स्मृतम्।
नित्य दीपे प्रमाणं हि पलैः सप्तभिरम्बिके!।।

दीप स्वरूप

बुध्नेष अंगुलं प्रोक्तमुच्छाये च षडंगुलम्।
षोडशांगुल मायामं सुन्दरं पात्रमुत्तमम्।
नित्यदीपेतदर्द्धार्द्धि मानं सर्वेषु कर्मसु।
(बुध्न मूलम्) अथ घृत तैलयोर्विशेषस्तत्रैवोक्तः।
गोघृतेन प्रकर्तव्यो दीपः सर्वार्थ सिद्धये।
मारणे माहिषं प्रोक्तमुष्ट्रं विद्वेषणे भवेत्।
आबिकं शान्तिके प्रोक्तमाजं चोच्चारने भवेत्।
तिल तैलेन वा दीपः कार्यः सर्वार्थ सिद्धये।
घृता भावे महशनि! भारणे सार्षपेण चेति।

वर्तिः

अयुग्मा वर्तिका ग्राह्या एकोत्तर शतावधि।
गुरु कार्येऽधिका प्रोक्ता अल्पे अल्पमता प्रिये!।
सूत्रं श्वेतं तथा पीतं मांजिष्डं च कुसुम्भकम्।
कृष्णं च कर्वुरं चेति षट्कर्मसु नियोजयेत्।

(सर्वाभावे सितेनैव कुर्याद्वर्तीः पृथक् पृथक्)

शलाकाः

षोडशांगुल माना च सौवर्णोतु शलाकिका।
राजतौदुम्बरी वापि सुलक्षा बुघ्नका तथा।
तीक्ष्णाग्रा सरला मध्ये त्रिशूलेनाङ्किता तथेति।

दीप मुखं

पूर्वाभिमुखे तु सर्वाप्तिः स्तम्भोच्चाटन यास्था।
रक्षाविद्वेषणोः कार्य पश्चिमास्य प्रदीपकम्।
लक्ष्मी प्राप्ताबुतरास्यं मारणे दक्षिणामुखमिति।

दीप दाने प्रतिज्ञा

तत्र पूर्व कलशाग्रे घंटा कर्णं यन्त्रं षट्कोण यन्त्रं वा विलिख्य। तिथि वाराद्युच्चार्य। उद्येहेतद्दीप शिखा सम संख्य वर्ष सहस्रावाच्छिन्न समय परिच्छिन्न दुर्गानुचरत्व प्राप्तिर्वक भगवती प्रीति कामोऽद्यारम्भ नवभ्यन्तमहर्निश वातादि दोष रहित मिन्नं दीपं श्री दुर्गा देवतार्क श्री दुर्गायाः पुरतः प्रज्वालयिष्ठे। इति प्रतिज्ञाय।

उक्त कामेषु तवत्कामनामुच्चार्योक्त विधिना दीपं दत्वा तं गंधाक्षतादिभिः पूजयेत्।।

शकुन

दीपस्य शकुनान्वच्मि शृणु देवि! यथाक्रमम्।
येन विज्ञात मात्रेण जायेते च फलाफलम् :
दीपारम्भे सुरेशानि! नवदेदशुभं वचः।
तस्मिन्काले यदुक्तं हि तत्तथैव भवेद् ध्रुवम्।
वर्जयेद् शुभां वाणीं तस्मिन्काले विशेषतः।
रक्ताम्बरो द्विजोऽव्यङ्गे रक्त माल्याणु लेपनः।
दीपारंभे समायाति तस्य सिद्धिर्न संशय।
शूद्र वर्णः समायाति सिद्धः प्रोक्तातु मध्यमा।
म्लेच्छस्य दर्शने प्रोक्तं बंधनं दीप दस्य वै।
मार्जार मूषकादीनां मध्यमं दर्शनं स्मृतम्।
कृते दीप वरे देवि! वीक्ष्यते च शुभाशुभम्।

दीप ज्वाला समाश्लक्ष्णा जायते यदि सुन्दरि ।
अष्टाभिर्विवसैस्तस्य कार्य सिद्धिर्भवेद् ध्रुवम्।
दीप ज्वाला तु देवेशि! यदि वक्रा भवेत्तदा।
नाशास्तस्य च बन्धूनां प्रोक्तः सर्वार्थ नाशकः।
खरकङ्क प्रभाज्वाला यदि स्याच्च सुरेश्वरि।
दीप कर्तुः सविघ्नो वै मरणं जायते ध्रुवम्।
दीप ज्योत्सनाम्बिके! कृष्णा जायते च सुरार्चिते।
शत्रूणां जायते कार्यं दीप कर्तुर्निरर्थकम्।
कृते दीपे यदानाशस्तत्क्षणाञ्जायतेऽम्बिके!।
कार्यसिद्धि विलंबेन भविष्यति न संशयः।
कृत दीपस्य नाशः स्यात्प्रहरत्रय मध्यतः।
मासे वर्षे तथा प्रोक्ता कार्य सिद्धिर्हि सुन्दरि।
दीपवर्यस्य नाशः स्याद्यादि रात्रौ कदाचन।
तस्व गेहे धनं वस्तु नष्टं भवति निश्चितम्।
दत्त दीपे यदि पुनश्चर चरेति ध्रुवम्भवेत्।
तदा तस्य च कार्यं वै नष्टं याति तथादिशेत्।
त्रमते दीपवर्य्यंश्चेच्चचौ रतो भयमाददेत्।
दीप पात्रं यदि पुनः स्त्रवते देवि! सुन्दरि!।
गोनाशो जायते शस्य दीप कर्तुर्न संशयः।
दीपवर्यस्य पात्रं वै भग्नं वै दृश्येत यदि।
अष्टादश दिनादर्वाग्यजमानः सबांधवः।
श्राद्ध देवस्य सदनं गच्छति प्रिय कामिनि!।
दीपे नष्टे पुनर्दीपं ज्वालयेन्मूढ़ चेतनः।
दीप दाता दीप कर्ता मंद चक्षुर्भवेत्सदा।
कृते दीपे पुनर्वार्ता कारयेद्यदि मानवः।
कार्य सिद्धिर्हि देवेशि! षण्मासात्स्यादनन्तरम्।
प्रज्वालितं दीपवर्य्यमशुचिर्मानवः स्पृशेत्।
दीप कर्तुः शरीरे तु व्याधिर्वै जायते नृणाम्।
दीप काष्ठामुमे! श्वानो मार्जारो मूषकादयः।
यदि स्पृगन्ति कल्याणि! ताडनं राजतो दिशेत्।
एवं दीप वरे विघ्नाः बहवः संभवन्ति हि।
तस्माद्दीपं सुरेशानि! विलोक्यं तु पदे पदे।

दीप विघ्ने शान्ति

तत्र शर्कराजय तिल तंडुलैस्सघृतैः कमलैर्वा जयन्ती मंत्रेण दशांशतो होमं कुर्यादित्यन्ये। नवार्ण मन्त्रेणेत्यपरे। देवि! प्रपन्नार्ति हरे प्रसीदेति, देवि! प्रसीदेति! करोतु सानः शुभेति मन्त्रणामन्यतमेन पूर्वोक्त द्रव्येण होमः कार्य इति साम्प्रदायिकाः।।

गणेश-बटुक कुमारी पूजन

वायव्य कोण (पश्चिम-उत्तर) से प्रारम्भ करके ईशान्य कोण (उत्तर-पूर्व) पर्यन्त आसन बिछाएं उन पर प्रथम गणेश, द्वितीय बटुक और नौ कुमारिकाओं को बिठाकर पाद्यादि से पूजन करें। यदि ९ कुमारी पूजन की शक्ति न हो तो १।३।५।७।९ गणेश बटुक सहित पूजन करना चाहिए। इसके लिए यह संकल्प करें—

देशकालो संकीर्त्यं नव दुर्गा महोत्सवे।।

श्री दुर्गा प्रसाद सिद्धि द्वारा सर्वापच्छन्ति पूर्वकं ममाभीष्ठ सिद्धये निर्विघ्नता परिसमाप्त्यर्थं बटुक गणेशादि सहितं कुमारी पूजनं करिष्ये—

गणेश पूजन

गणेश एवं बटुक की पाद्य आदि से पूजा करें।
ॐ गं गणपतये नमः।।
पाद्यादि पूजनं विधाय।।

ध्यान

ॐ उद्यद्दिनेश्वर रुचिं निज हस्त पद्मः।
पाशांकुशाभय वरान्दधतं गजास्यम्
रक्ताम्बरं सकल दुःख हरं गणेश।
ध्यायेत्प्रसन्नमखिला भरणाभिरामम्।।
ॐ सर्वं स्थूल तनुं गजेन्द्र वदनं लम्बोदरं सुन्दरं।
प्रस्यन्दन्मद गन्धलुब्ध मधुप व्यालोल गंडस्थलम्।।
दन्ताघात विदारितारिसरुधिरैः सिन्दूर शोभा करं,
वन्दे शैलसुता सुतं गणपतिं सिद्धिप्रदं कामदम्।।

बटुक पूजा

ॐ बं बटुकाय नमः।
पाद्यादि पूजनं विधाय

ध्यान

ॐ कर कलित कपालः कुण्डली दण्ड पाणि-
स्तरुण तिमिर नील व्याल यज्ञोपवीति
ऋतु समय सपर्या विघ्न विच्छेद हेतु-
जयति बटुक नाथः सिद्धिः साधका नाम!

तत्र विधि

यजमानों कुमारी कन्याओं की पूजा करें—
यजमानः पूजयेच्च कन्यानां नवकं शुभम्।
द्विवर्षाद्याद शाब्दान्ताः कुमारीः परिपूजयेत्।।
अर्थादेक हायनाल्पव्यस्का वर्ज्याः।
ता आसने उपवेश्यावाहयेत् मन्त्रेण।।

आवाहन मन्त्र

ॐ मन्त्राक्षर मयीं लक्ष्मीं मातृणांरूप धारिणीम्।
नवदुर्गात्मिकांसाक्षात्कन्या मावाहयाम्यहम्।।
अनेनैव मन्त्रेण नवापि आवहयेत्।
अशक्तौ यथाशक्तिं एकामपि पूजयेत्।।
पाद्यादि पूजनं विधाय।।

द्विहायना कुमारी संज्ञा

सर्व स्वरूपे! सर्वेशे! सर्व शक्ति स्वरूपिणि!
पूजां गृहाण कौमारि! जगन्मातर्नमोस्तुते।।

त्रिहायना त्रिमूर्ति संज्ञा

त्रिपुरा विपुराधारां त्रिवर्षा ज्ञान रूपिणीम्।
त्रैलोक्य वन्दितां देवी त्रिमूर्ति पूजयाम्यहम्।।

चतुर्वर्षा कल्याणी

कलात्मिकां कलातीतां कारुण्य हृदयां शिवाम्।
कल्याण जननीं कल्याणी पूजयाम्यहम्।।

पंच वर्षा रोहिणी

अणिमादि गुणाधारानकाराद्यक्षरात्मिकाम्।
अनन्त शक्तिका लक्ष्मीं रोहिणीं पूजयाम्यहम्।।

षड् वर्षा कालिका

कामचारां शुभां कान्तां कालचक्र स्वरूपिणीम्।
कामदां करुणोदारा कालिकां पूजयाम्यहम्

सप्त वर्षा चण्डिका

चंडवीरां चन्द्रमाया चण्ड मुण्ड प्रभंजनीम्।
पूजयामि सदा देवी चण्डिकां चण्डविक्रमाम्।।

अष्ट वर्षा शांभवी

सदानन्द करीं शान्तां सर्वदेव नगर-कृताम्।
सर्वभूतात्मिकां लक्ष्मीं शांभवीं पूजयाम्यहम्।।

नवहायना दुर्गा

दुर्गमे दुस्तरे कार्ये भव दुःख विनाशिनीम्।
पूजयामि सदा जननीं देवीं सुभद्रां पूजयाम्यहम्।

यहां नित्य आरती करें

कुमारी पूजनान्ते तद्धस्तादक्षतादिकं स्वशिरसि विधाय भक्तया अनुव्रजेत् सुवासिनी—ब्राह्मणान् भोजयेत् पश्चात् इष्ट मित्र बांधवादिना सह स्वयमपिभुंजीत, शेष कालं गीत वाद्यादिभिर्नयत्।।

इति कुमारी पूजनम्।।
(देवी पुराणानुसार) ब्रह्मोवाच।।

न तथा लुयते शक्र! होमदान जपेन तु।।
कुमारौ भोजनेनात्र यथा देवी प्रसीदति।

अत्र नवरात्रे प्रक्षाल्य पादौ सर्वासां कुमारीणां च वासव सुलिप्ते भूतले रम्ये तत्र ता आसने स्थिताः।

पुजयेद्गन्ध पुष्पैश्च स्त्रग्भिश्चापि मनोरमैः।
पूजयित्वा विधानेन भोजनं तासु दापयेत्।।
खंडं लड्डु गुडं सर्पि, दधि क्षीरं समाक्षिकम्।
तासां दे कुमारीणां शनैस्संभोजयेतु ताः।
पानीयं याचित देयमन्नंवा याचितं शुभम्।
तास्तृप्ता तुयदा स्सर्वास्तदा त्वाचमनंददेत्।
आचम्य चाक्षान्दत्वा त्वया क्षन्तव्य मित्युत।
दातु शिरसि दातव्याः कन्याकाभिर याक्षताः।
तेनापि प्रणि पातस्तु कर्त्तव्यो भक्तिपूर्वकः।
अनेन विधिना शक्र! देवि क्षिप्रं प्रसीदति।
ददाति विविधान्कामान्मनोभीष्टा सुराधिप!
राज्यं कृत्वा ततःप श्चाद्देवीलोवञ्च गच्छति।

स्कान्देऽपि।

एकैकां पूजयेत्कन्या मेकवृद्धया तथैव च।
द्विगुणं त्रिगुण वापि प्रत्येक नवकं वरम्।
नवभिर्लभते भूमिमैश्वर्यं द्विगुणेनं तु।
एक वृद्धया लभेत्क्षेम मेकैकेनश्चियंलभेत्।
एक वर्षातु या कन्या पूर्जार्थं तां तु वर्जयेत्।
गन्ध पुष्प फलादीनां प्रीतिस्तस्या न विद्यते।

यवोक्ताभितु विवाहितापि या पुष्पिणी तावत् पूज्या विवाहान्तरमपि कन्यात्वमुपजायते। तावत्सपूज्यते कन्या यावत्पुष्पं न दृष्यते।

कामना परत्वेन आसां क्रमेण पूजायां विशेषउत्तमः।

तत्रैव।

दुःख दारिद्र्य नाशाय शत्रूणां नाशनाय च।
आयुषै बल वृद्धयर्थं कुमारीः पूजयेन्नरः।।
आयुष्कामस्त्रिमूर्ति तु त्रिवर्गस्य फलाप्तये।
अपमृत्यु व्याधि पीड़ा दुःखानाम पनुतये।
सौख्य धान्य धनारोग्य पुत्र पुत्रादि वृद्धये।
कल्याणी पूजयेद्धीमान्नित्यं कल्याण वृद्धये।
आरोग्य सुख कामी तु धन कामस्थैव च।

यशस्कामी नरोनित्यं रोहिणीं परिपूजयेत्।
विद्यार्थी च जयार्थी च राज्यार्थी च विशेषतः।
शत्रुणां च विनाशार्था कालिकां पूजयेन्नरः।
संग्रामे जय कामश्च चण्डिका परिपूजयेत्।
दुःख दारिद्र्य नाशाय नृप सम्मोहनाय च।
महापाप विनाशाय शाम्भवीं च प्रपूजयेत्।
सर्व लोकेषु शत्रुतामुग्रसाधन कर्मणी।
दुर्गां दुर्गति नाशाय पूजयेद्यत्नतो बुधैः।
सौभाग्य धन धान्यादि वांछितार्थ फलाप्ययेे।
सुभद्रां पूजयेन्मर्त्यो दासी दास विवृद्धये।
पूजा प्रकारश्च तत्रैव।
प्रातःकाले विशेषेण कृताभ्यांगो विशेषतः।

कुमारी पूजन में वर्जित कन्यायें

हीनाधिकांक्ष कुष्ठादि विकारी कुकुला तथा।।
ग्रन्थि स्फुटित् सर्वाणी रक्त पूर्य वर्णाङ्किता
जालन्धां केकरां काणां कुरूपा तनु रोमशाम्।।
सत्यजेद्रोगिणीं धन्यां दासी गर्भ समुद्भवाम्।।

जिसके शरीर में कोई अंग कम या अधिक हो, जो कोढ़ी हो, नीच कुल की हो, जिसके शरीर में गांठें, लाल फोड़े आदि हों, जो जन्मजात अन्धी हो, भैंगी हो, कानी हो, कुरूप हो, और सारे शरीर में छोटे-छोटे रोम हों, जो दासी की पुत्री हो इत्यादि दोषों वाली कन्याओं की कुमारी पूजन में पूजा नहीं करनी चाहिए।

मन्त्र-शक्ति में सहयोगी प्रतिक्रियाएं

संकल्प-शक्ति-किंवा दृढ़ इच्छा-शक्ति

किसी भी देवी देवता से सम्बन्धित मन्त्र-जाप, मन्त्रसिद्धि अथवा पूजन, पुरश्चरण, आराधना में कार्य के प्रति संकल्प-शक्ति तथा प्रबल व दृढ़ इच्छा-शक्ति का होना परमावश्यक है। इसके अभाव में मन्त्र सिद्धि होना सम्भव नहीं है। मानव जीवन की इच्छाएं भावनाएं विचार बुद्धि के द्वारा परिष्कृत होकर सुघड़ बनती हैं, सजती हैं और संवरती हैं, और तब वही इच्छा दृढ़ निश्चय का रूप धारण कर लेती है और निश्चय के दृढ़ हो जाने पर सफलता कदम चूमने लगती है और ऐसी अवस्था में दृढ़ निश्चय मानव की संकल्प-शक्ति बन जाती है। आप थोड़ी देर के लिए कल्पना करें कि क्या इच्छा के अभाव में कोई कार्य हो सकता है। उत्तर ना में मिलेगा। अतः क्रिया में दृढ़ता ही प्राणी को विजयोन्मुख करती है।

मानव मन की थाह पाना सर्वथा दुर्लभ ही नहीं, नितांत असम्भव है, ठीक इसी प्रकार हमारे भीतर अनेक शक्तियां निद्रावस्था में, सुप्तवारस्था में विद्यमान रहती हैं। प्रश्न तो यह है कि उन सार्वभौम शक्तियों को जगाए कौन? और यह कार्य संकल्प करता है। किसी कार्य को करने के लिए संकल्प किया नहीं कि तत्सम्बन्धित शक्ति जाग उठती है। आप भली प्रकार जानते हैं कि बारूद स्वयं नहीं फटता, अपितु एक तीली की जलती चिनगारी की जरूरत पड़ती है। जलती चिनगारी माध्यम बन गई विस्फोट की। मनुष्य सब शक्तियों का भण्डार है, पर वह स्वयं उन्हें नहीं जानता। उसके उपयोग को वह नहीं जानता, पर कोई तो एकलव्य बनकर, ध्रुव बनकर, प्रह्लाद बनकर, भीष्म राणा प्रताप, शिवा या गांधी बनकर दिखा दे। संकल्प-शक्ति के माध्यम से ही वह उसका उपयोग करता है। संकल्प के बल पर ही हम उन समस्त बिखरी शक्तियों का एकत्रीकरण करते हैं। सारे घर में प्रकाश नहीं है। चारों ओर अन्धकार ही व्याप्त है। एक स्विच को दबाइए सारा घर प्रकाश से नहा उठेगा। ठीक इसी प्रकार संकल्प एक विद्युत है, जो. प्राप्त शक्तियों के अणु-अणु में, कण-कण में गति लाने

की सामर्थ्य रखती है। गति प्रत्यक्ष शक्ति का अन्य नाम है।

मन के संकल्प में धर्म, अर्थ, काम और मोक्ष दिलाने वाली समस्त शक्तियां भरी पड़ी हैं।

भारतीय, वाङ्गमय में हमारे आचार्यों, वेदज्ञों, ऋषियों, महर्षियों ने संकल्प-शक्ति की अद्भुत, अपरिमिति, अपार, सर्वमान्य, सफलताओं को देखकर ब्रह्म कहा और संकल्प ब्रह्मोपासना के लिए प्रेरित किया है। हम कम-से-कम यह अन्दाज तो लगा ही सकते हैं किं हमारे अग्रेजों ने कितनी महान् शक्तियों को ढूंढ़ निकाला है, उन्हें पहचानना व उपयोग करने का मार्ग प्रस्तुत किया है।

हम यह कह सकते हैं कि संकल्प इच्छा-शक्ति में परस्पर घनिष्ठ सम्बन्ध है। एक के अभाव में अन्य का महत्त्व नहीं। सत्यतः मानव जीवन की सफलता, असफलता, उत्कर्ष-अपकर्ष, उन्नति-अवनति, जय-पराजय, उत्थान-पतन सब कुछ मनुष्य की इच्छा शक्ति की सबलता और निर्बलता का परिणाम है सबल दृढ़ इच्छा-शक्ति सम्पन्न लोगों को अभद्र विचार व कुकल्पनाएं भयावह परिस्थितियां, नाना प्रकार की समस्याएं व भिन्न-भिन्न उलझनें विचलित नहीं कर सकती थीं। वे अपने निश्चय पर सदा दृढ़ रहते हैं। ऐसे व्यक्तियों के विचार सदैव स्थिर और पूर्ण निश्चित हैं, उनका हर पग सोच-समझकर उठता है। वे दूध की जगह छाछ भी फूंक-फूंककर पीने का प्रयास करते हैं। एक बार का किया निर्णय भूलकर भी कभी नहीं बदलता है। यहां तक कि भारी अव्यवस्था भी ऐसे लोगों को विचलित नहीं कर सकती थी। हर प्रकरण में, हर स्थिति में, हर वातावरण में ऐसे लोग अपना रास्ता किसी-न-किसी प्रकार निकाल ही लेते थे तथा परिस्थितियों का फायदा उठाना भी वे भली प्रकार जानते थे।

दृढ़ इच्छाशक्ति सत्यतः मानसिक क्षेत्र का एक ऐसा दुर्ग है जिसमें किसी भी बाह्य परिस्थिति, कल्पना, कुविचारों का प्रभाव नहीं हो सकता। जीवन के भयंकर तूफान-आंधी-झंझावात और कठिनाइयों की सीमा-रेखा को पार कर लेते हैं। विपत्ति की पाठशाला में पढ़कर ही ये बड़े होते हैं। ये अजेय दृढ़ स्थिर बने रहते हैं। ये उदास अथवा खिन्न अथवा परेशान होना तो जानते

ही नहीं हैं। सदैव प्रसन्न व शान्त रह कर जीवन को सुखमय बनाते हैं। धैर्य, सुख-शांति, प्रसन्नता, स्वस्थ एवं आनन्दमय जीवन व्यतीत करते हैं।

संसार का हर महान् व्यक्ति अपनी दृढ़ एवं प्रबल इच्छा-शक्ति के बल पर ही महान् हुआ है। ऐसे महान् व्यक्ति महान् कार्यों को ही सम्पन्न करते हैं। ऐसा व्यक्ति नित्य नवीनता को प्रेरक, नव-सृजन-नव-निर्माण-नवचेतना का शुभारम्भ करता है। हर श्रेष्ठतम कार्य का शुभारम्भ इन्हीं के द्वारा होता है। जन-कल्याण करने, समाज का उत्थान करने व विकास करने में यह सदैव अगुआ रहते हैं!

अटूट श्रद्धा

प्राणी साधना के बल पर ही जीता है। साधना द्वारा विजयश्री प्राप्त करता है। साधना विजय की सोपान (सीढ़ी) है। साधना मुक्ति का मार्ग है। परन्तु हमने कभी यह सोचा है कि इस साधना की नींव श्रद्धा है और जहां श्रद्धा है वहीं सिद्धि है। जहां श्रद्धा का अभाव है वहीं कुतर्क, वहम अविश्वास, सन्देह, कुटिलता, जन्म लेती है और यह सभी सफलता के प्रतीक बन जाते हैं। और व्यक्ति सफलता से असफलता की ओर उन्मुख हो जाता है। इस प्रकार यही कहा जा सकता है कि श्रद्धा के अभाव में सफलता संदिग्ध रहती है। जिस साधना से सिद्धि प्राप्त करने का प्रयत्न आरम्भ किया जा रहा है, उसके प्रति दृढ़ आस्था पूर्ण विश्वास होना चाहिए, जो है—साधना का मेरुदण्ड। जिस साधना में आप का विश्वास नहीं, उसे मात्र परीक्षा के लिए करना अपना समय व्यर्थ खोना ही है। कारण ऐसे कार्य में लाभ की आशा मात्र भी करना मूर्खता के अतिरिक्त कुछ भी नहीं है। साधना मार्ग का प्रथम सोपान प्रथम पग ही साधना में सम्मिलित नहीं तो फिर कैसी सफलता? कैसी सिद्धि? कैसी विजय? पराजय, असफलता, असिद्धि मात्र ही अवश्यम्भावी है। यदि आप कार्य विशेष में सिद्धि प्राप्त करना चाहते हैं, सफलता का मुख देखना चाहते हैं तो मेरी प्रथम शर्त है पूर्ण आस्था! पूर्ण विश्वास और श्रद्धा। तात्पर्य यह है कि पाठक-साधक जो कि सिद्धि प्राप्त करने के इच्छुक हैं, उन्हें इष्टदेव के प्रति

पूर्ण श्रद्धा होनी चाहिए और यदि उसे कोई सन्देह है तो गुरुजनों से, अंग्रेजों से, कुतर्क व दुराग्रह से नहीं अथवा जिद्द से नहीं, अपितु पिपासु, एवं जिज्ञासु की दृष्टि से अपनी शंकाओं व भ्रमों को दूर करने का प्रयास किया जाना चाहिए। सच्चा व सद्गुरु, शिष्य की शंकाओं, भ्रमों, जिज्ञासाओं को शांत करने में प्रसन्नता अनुभव करते हैं। जब सन्देह दूर हो जाता है तो श्रद्धा व अटूट विश्वास में दृढ़ता आती है। वह ठोस धरातल पर आ खड़ा होता है। दृढ़ता ही अपनी सुषप्त शक्तियों को जाग्रत करने का माध्यम बनती है। हमारे शास्त्रों ने इसलिए श्रद्धा का गुणगान मुक्त कंठ से किया है।

भावना भक्ति

मन्त्र साधना और भावना का अन्योन्याश्रित सम्बन्ध है। परस्पर घनिष्ठ सम्बन्ध है। "जाकी रही भावना जैसी प्रभु मूरत देखी तिन तैसी।" मनुष्य (साधक) जैसी भावना करता है, वैसी ही सफलता उसे प्राप्त होती है। भावना साधन को सत्यतः गति प्रदान करती है, या कि भावना ही साधना की गति है। मन्त्र शक्ति के लिए भावना शक्ति का होना नितान्त आवश्यक ही नहीं वरन् परम आवश्यक है। शास्त्र इस सम्बन्ध में कहते हैं—

मन्त्रे, तीर्थे, द्विजे, दैवे, देवज्ञे, भैषजे, गुरौ।
यादृशी भावना यस्य सिद्धिर्भवति तादृशी।।

अर्थात्—मन्त्र, तीर्थ, ब्राह्मण, देवता, ज्योतिषी, दवा, गुरु में जिस प्रकार की भावना होती है, वैसी ही सिद्धि भी प्राप्त होती है।

भावना मूलतः साधक विशेष की सुषुप्त शक्तियों को जाग्रत करने का कार्य करती है।

भावना के माध्यम से आरोग्य लाभ के साथ-साथ अन्यान्य लाभ उठाने की भी यह वैधानिक पद्धति है। अभाव की पूर्ति के लिए गिड़गिड़ाएं यह तो उचित नहीं है, इससे आत्महीन की भावना ही उत्पन्न होती है और आत्महीनत व्यक्ति सफलता का मुंह देख ही नहीं सकता। आशानुकूल लाभ प्राप्त नहीं होता। भावना के समय अशुभ के स्थान पर शुभ, रोग के स्थान पर आरोग्यता, अभाव के स्थान पर वैभव व ऐश्वर्य के संकेत तन-मन से प्रदान करना

चाहिए। जिस इष्ट की पूर्ति करने की इच्छा-जिज्ञासा है, उसे अपने भावनापूर्ण नेत्रों से पूरा होता देखने का प्रयास करें। यह प्रयास जितना तीव्र, सुदृढ़ आत्मविश्वास पर आधारित होगा, सफलता उतनी ही शीघ्रता से प्राप्त होगी।

इन शुभ संकेतों का स्पष्ट और सीधा प्रभाव हमारे अज्ञात मन अर्थात् गुप्त मन पर पड़ता है। गुप्त मन ईश्वर प्रसाद का शांति भण्डार है। वह दैवी शक्तियों का मूल स्रोत है। ईश्वर द्वारा उत्तराधिकारी में प्राप्त समस्त शक्तियां सुप्तावस्था हैं और उन्हें प्राप्त करने के लिए इन्हें जगाना अवश्य होगा। इसका उपाय है शुभ संकेत। यह हमारे मन का नव निर्माण करते हैं और तब हमारे चारों ओर संसार ठीक वैसा ही बनता जाता है। भावना का यह मनोवैज्ञानिक आधार है।

तपश्चर्या

कर्म प्रधान जीवन में किसी भी क्षेत्र में पूर्ण या आंशिक सफलता प्राप्त करने के लिए अथक, अनन्त, कठिन परिश्रम करना आवश्यक ही नहीं पूर्णतया अनिवार्य है। कहते हैं भाग्य में होगा तो ईश्वर छप्पर फाड़कर देगा। यह वाक्य कापुरुषों के लिए निठल्लों व कायरों के लिए शोभा देता है। ऐसे उदाहरण तो यदा-कदा कहीं-कहीं ही दिखाई देते हैं। इसी परिश्रम की धार्मिक भावना का नाम तप किंवा तपश्चर्या है। उद्यम सफलता का दूसरा नाम है। सिद्धि बातों से नहीं मिलती। सफलता इतनी सरल नहीं कि हर एक यों ही प्राप्त कर ले। सफलता अनायास नहीं मिलती है। इसकी प्राप्ति के लिए कठोर तप, कड़ी मेहनत, सच्ची बैठक करनी पड़ती है। आज हमारे इर्द-गिर्द जो दूषित वातावरण दिखाई देता है, लोग रातों-रात सफलता पाना चाहते हैं। हथेली पर सरसों उगाना चाहते हैं। लोग कुछ ही दिनों में उल्टे-सीधे कार्य कर इधर-उधर कर मेरी-मेरी से, बिना विधि-विधान के अधूरी श्रद्धा भावना के तन्त्र-मन्त्र-यन्त्र का प्रयोग कर सिद्धि प्राप्त करना चाहते हैं या करने की बात सोचते हैं और कुछ भी प्राप्त न होने पर भाग्य को कोसते हैं। ईश्वर को दोषी ठहराते हैं या तन्त्र-मन्त्र-यन्त्रों

की शक्ति को झुठलाते हैं। वे आलसी व कायर हैं। तपश्चर्या का, श्रम का उनमें अभाव है।

हमारे ऋषि-महर्षियों ने, सात्त्विक वातावरण में, घोर तपस्याएं लम्बे समय तक की हैं, तब वे हमें सब कुछ दे पाए। उसकी आज कल्पना करके भी आश्चर्य होता है। च्यवन और वाल्मीकि के उदाहरण यों ही नहीं दिये जाते हैं। उनकी तपस्या को आज का वर्ग, थोड़ी कल्पना का उड़ान, गप्प या असम्भव कहकर अपना संतोष कर लेते हैं। जबकि ऐसा नहीं था। ठीक उनके तप के समान सिद्धियों को भी कल्पना की बात कहकर छुट्टी कर गए। कारण सिद्धि प्राप्त करने के लिए उनके अनुरूप जब तप नहीं किया जाएगा तो निश्चय ही सिद्धि प्राप्त करना भी असम्भव हो जाएगा। सिद्धि कोई जादू का खेल नहीं है या कोई देवी का वरदान नहीं है, अपितु श्रम का प्रसाद है।

मैं आज भी चौबीस घण्टों में से १६ घण्टे कार्य करता हूं। रात को रात या दिन को दिन नहीं समझता। प्रवास होने पर प्रातः छः से रात्रि ११ से १ बजे तक जन्त्र पत्रिकाएं या हाथ देखता हूं। भूख, प्यास, आराम सबको त्यागना पड़ता है और हर वक्त जिज्ञासा बनी रहती है, तभी सफलता मेरी बन सकी है। पाठक! आप भी श्रम करें और देखें सिद्धि दासी बनती है या नहीं।

जहां श्रम है वहीं शक्ति है, वहीं मुक्ति है, वहीं जय है, वहीं स्वर्ग का आनन्द है, वहीं सर्वसुख है, वहीं शांति है और आनन्द है, वहीं धन-ऐश्वर्य है, ज्ञान है, कीर्ति है और कुछ पा सकते हैं, जो कुछ भी आप चाहते हैं। सच्चा जीवन जीना चाहते हैं, जीवन का सच्चा सुख चाहते हैं, पूर्ण आनन्द चाहते हैं तो आपको तप का साथी बनाना पड़ेगा। यदि आपने इस प्रकार का विवेकपूर्ण निर्णय ले लिया तो आपके लिए कुछ भी असम्भव नहीं होगा। यदि तप से मैत्री न की, उसकी उपेक्षा की तो याद रखें, आपका मार्ग कंटकपूर्ण हो जाएगा। दैन्य, हीनता, दुःख, कष्ट, विपत्तियों का स्थायी निवास आपके यहां हो जायेगा। अस्तु।

एकाग्रता

आपने सुना-पढ़ा होगा। स्वस्थ शरीर में स्वस्थ मन रहता है

और साधना के लिए चित्त का स्वस्थ व शांत होना परमावश्यक है। हृदय में अटूट श्रद्धापूर्ण विश्वास व सच्ची भक्ति, मन सब ओर से हटकर तन्मय हो जाए। एक लग्न हो। एक ही भाव हो। लक्ष्य नजर के ठीक सामने हो। चित्त की चलात्मकता स्थिर, एकाग्र हो जाए तो सफलता या सिद्धि न मिले ऐसा हो ही नहीं सकता। सफलता आपकी दासी बनकर रहेगी। यह निश्चय जान लें, ऐसा करने पर तो आप सफलता का दामन ही थामेंगे। जब मन उदास खिन्न या अशांत हो, चित्त में उत्तेजना या चिन्ता हो, भय किंवा संदेह हो तो स्थिरता निकट ही नहीं आती। मन एकाग्र हो ही नहीं सकता। वह तो इध-उधर उड़ेगा ही। ऐसी स्थिति या वातावरण में न तो जप में मन लगता है और न ही ध्यान में। साधक की मार के मनके अवश्य ही घूमते जाएंगे। मुंह मन्त्र का उच्चारण भी करता जाएगा पर चित्त दूर-दूर तक अपनी उड़ान भरता रहेगा। जो साधक सचमुच सफलता चाहता है या सिद्धि चाहता है। उसके लिए यह लक्षण शुभ नहीं है। सब ओर से मन हटाकर अर्जुन का लक्ष्य बन जाए जिसे मात्र चिड़िया की बाईं आंख ही दिखाई देती थी। श्रद्धा व भक्ति के तन्मयतापूर्वक साधना से ही वह आकर्षण शक्ति उत्पन्न होती है जिससे अभीष्ट की प्राप्ति होती है।

मन-मस्तिष्क की चित्तवृति को एकाग्र करने के लिए सतत अभ्यास, लम्बा अभ्यास और एकनिष्ठता की आवश्यकता है। संसार के बड़े-से-बड़े कठिन और नितान्त असम्भव कार्य भी अभ्यास से पूर्ण हो जाते हैं। अभ्यास से मनुष्य ही नहीं जानवर भी आश्चर्यजनक प्रकृति-विरुद्ध कार्य करने लगते हैं। यद्यपि चिर-संचित बहिर्मुखी संस्कार इस कार्य में बाधक होते हैं। फिर भी दृढ़तापूर्वक अभ्यास करने से वे भी शांत हो जाते या समाप्त हो जाते हैं। हां, योग दर्शनकार चेतावनी देते हैं कि यह अभ्यास बहुत समय तक लगातार संस्कार से ठीक-ठीक किया जाए फिर भी उसमें सुदृढ़ता आती है। अभ्यास और वैराग्य के मिले-जुले प्रयत्न से चित्त की वृत्तियों का निश्चय ही विरोध होता है। यही मन्त्र की सिद्धि का मार्ग है।

प्राणायाम

'प्राणायाम' मन्त्र-साधना का परम आवश्यक अंग है। साधक अपने इष्टदेव का ध्यान करता है। उस पर अपने मन को जमाने का प्रयास करता है। मन है चंचल अतः उसका इधर-उधर भटकना उसका स्वभाव है। उसी एकाग्रता में ही तो शक्ति का रहस्य छिपा है। वही साधना की सफलता है। वही साधक जीतता है। प्राणायाम मन को स्थिर रखने की कुंजी है। धीर-धीरे प्राणायाम में एकाग्रता बढ़ती है, बढ़ती चली जाती है। शास्त्र का भी यही वचन है। मन प्राणाधीन है। जिस प्रकार पशु रस्सी से बंधा होता है, उसी प्रकार हमारा चित्त प्राण से सम्बन्धित है। मात्र विचार द्वारा मन को वश में करना असम्भव रहता है। मन को अपने अधीन करने का उपाय है तो वह है प्राणायाम। श्रीकृष्ण ने गीता में स्पष्ट संकेत किया है—प्राणायाम द्वारा ध्यान करने से वशीभूत हो जाने पर जैसे एक ज्योति में दूसरी ज्योति मिलकर एक हो जाती है, ऐसे ही साधक अपने से मुझे और मुझ परमात्मा में स्वयं को मिला लेता है। योग दर्शन में भी कहा है कि प्राणायाम के निरन्तर अभ्यास से मन की चंचलता नष्ट हो जाती है। और उसमें धारणा की योग्यता आ जाती है। अतः प्राणायाम से साधक अपना मानसिक एवं शारीरिक विकास करता है और आत्मिक क्षेत्र में प्रवेश करता है।

ध्यान

इस चराचर जगत के सभी महत्त्वूपर्ण कार्यों की सफलता के लिए मनोयोग अथवा ध्यान की एकाग्रता की जरूरत है। इसमें भी आध्यात्मिक ज्ञान तो बिना ध्यान के निश्चल हुए कदापि नहीं हो सकता। ध्यानपूर्वक विचार से ही हम किसी वस्तु के मूल स्वरूप और उसकी वास्तविकता को सही स्वरूप में पहचान सकते हैं। अगर हमारा ध्यान इधर-उधर बंधा रहता है, तो हम किसी प्रकार विषय की गहराई में बैठकर यथातथ्य ज्ञान प्राप्त कर ही नहीं सकते। जिस प्रकार आतशी शीशे से सूर्य की बिखरी किरणों को एकत्रित करके किसी कपड़े या कागज पर फेंका जाता है तो वह जलने लगता है। पर बिना एकत्रीकरण के साधारणतः वह उसे जलाने की सामर्थ्य नहीं रखती, उसी प्रकार किसी समस्या विशेष

पर गम्भीरतापूर्वक विचार करने पर, एकाग्रतापूर्वक मनन करने पर उलझी गुत्थियों को भी सफलता पूर्वक सुलझा सकते हैं: और हमें समस्या का समाधान भी मिल जाता है।

कारण स्पष्ट है कि मन की बिखरी हुई शक्तियां एकत्र हो जाती हैं। एकाग्रता ही शक्ति का दूसरा नाम है। मन की अपार सामर्थ्य को एक निश्चित दिशा को ओर लगा देने से शक्ति के द्वार खुल जाते हैं। और इसी का नाम सिद्धि है। अतः ध्यान योग सिद्धि के मार्ग की ओर पग बढ़ाता है, उसे हर क्षेत्र में सिद्धि नजर आती है। असफलता, विफलता, पराजय या असम्भव का अंश भी कहीं नजर नहीं आता। वह सफलता के झण्डे गाड़ता हुआ निरन्तर आगे और आगे बढ़ता चला जाता है।

अंर्थचिंतन

ध्वनि-समूहों की शक्तियों के अतिरिक्त मन्त्रों में उत्तम शिक्षाएं व प्रेरणाएं भी होती हैं जिनका मनन-चिंतन करने से और करते रहने से वह जीवन का सचमुच कायाकल्प ही कर देती है। मन का अर्थ ही मनन विद्या ज्ञान है, यदि उनके अर्थों का मनन व चिन्तन न हो या न किया जाए तो सत्यतः साधना अधूरी ही रह जाती है। जब इष्ट मन्त्र का जाप किया जाता है तो नेत्र-पटलों को बन्द करके मन्त्र के एक-एक वाक्य और शब्द अक्षर का अर्थ व उस पर रुक-रुककर विचार किया जाना चाहिए। और इतना ही उसे मन क्षेत्र पर प्रतिष्ठित भी किया जाना चाहिए।

जैसे कि वह मूर्त रूप में सामने आ रहा है। और कि साधक उसका श्रद्धापूर्वक ध्यान व चिन्तन कर रहा है। जिन विचारों का नित्य, प्रतिदिन बार-बार चिन्तन व मनन किया जाता है, उसके मन में पहले से स्थित विचारों से संघर्ष सचमुच में प्रारम्भ हो जाता है, तथा जो भी समूह प्रभावशाली होता है, विजय उसी की होती है। मन में पूर्व जन्मों से संस्कार उद्दीप्त होना आरम्भ हो जाता है। और साधक अपने लिए एक नयी सृष्टि का निर्माण करता है। यह तभी होना सम्भव होता है, जब वह नियमित रूप से लम्बे समय तक निरन्तर उन्हीं विचारों को मनोभूमि में विकसित करने का प्रयत्न करता रहता है। चिन्तन व मनन की प्रक्रिया से जिस मन्त्र में अगाध श्रद्धा व विश्वास होता है उनके अर्थ जीवन के

अंग बन जाते हैं। साधना की सफलता तो इसी में है कि जब साधक मन्त्र के साथ स्वयं को भी एकाकार कर ले। उसकी विधि एकाग्रता तो है ही उससे लाभ भी होता है। परन्तु आप उनके अर्थों की उपेक्षा कदापि नहीं कर सकते। साधना की पूर्णता इसी में है कि जप के साथ अर्थों का भी चिन्तन-मनन हो।

संस्कारित साधना-स्थल

ठीक स्थान का चुनाव मन्त्र साधना का परमावश्यक अंग है। शास्त्रों में सिद्धि के जो साधन बताए गए हैं, वही किस स्थान पर केवल जप की संख्या पूरी करने पर अनुकूल परिणाम प्रस्तुत कर दें यह आवश्यक नहीं है। साधना के लिए चाहिए एकाग्रता, एकाग्रता के लिए चाहिए एकान्त-शान्त पवित्र और संस्कारित भूमि। जिस स्थान विशेष में उक्त गुण हों, तो वही स्थान साधना के लिए उपयुक्त माना जाता है।

शास्त्रों में इन स्थानों को अनुष्ठान के लिए उचित माना गया है—

एकान्त उद्यान, पवित्र वन, संगम, तीर्थ, गुफा, नदी तट, पुण्य स्थल, मन्दिर, सिद्ध पीठ, बिल्व वृक्ष, पर्वतों की तराई, तुलसी वाटिका, गौशाला (जिसमें बैल न हों), अपने घर का एकान्त स्थल, जल में, पीपल या आंवले के वृक्ष के नीचे आदि।

उपर्युक्त का अर्थ यह नहीं है कि घर पर की गई साधना सर्वथा निष्फल, असफल या निकृष्ट होती है। इसमें कोई लाभ विशेष नहीं होता। मुख्य सिद्धान्त तो यह है कि जहां चित्त की एकाग्रता प्राप्ति में सहायता मिलती है वही स्थान सर्वाधिक सही एवं उपयुक्त है। घर में साधना-स्थान यदि एकान्त में शोर-शराबे से दूर, शान्त एवं दिव्य वातावरण से ओत-प्रोत, सौम्य हो तथा कभी-कभी वहां हवन यज्ञ होते रहते हों तो उसी स्थान से अभीष्ट लाभ की आशा की जा सकती है। वहां पर परिवार के सदस्यों का आना जाना कम होना चाहिए। वहां सामान भी कम होना चाहिए। व्यर्थ शोर-शराबा या कोलाहल न हो ताकि साधना में बाधा न पड़े।

निरन्तर साधना करते रहने पर वह स्थान भी संस्कारित होने लगता है। और फिर कम-से-कम अधिक लाभ की आशा की जा

सकती है। सिद्धपीठ, पुण्य क्षेत्र व तीर्थ-स्थलों पर साधना करने पर सिद्धि इसलिए होती है कि उस स्थल पर सिद्ध साधकों ने लम्बे समय तक घोर तपस्याएं की हैं, उसका प्रभाव वह भूमि ग्रहण किये रहती है। जिस भूमि में जितनी अधिक साधना की जाती है वहां पर सिद्धि उतनी ही शीघ्रता से मिलती है।

असंक्रामक आसन

आसन पवित्र तो होना ही चाहिए तथा उस वस्तु का बनाया जाए जो असंक्रामक अर्थात् 'नॉन कन्डक्टर' हो। इससे पार्थिव विद्युत (बिजली) पृथ्वी में प्रवाहित नहीं हो सकती। आपके द्वारा विद्युत कर्मचारी अवश्य देखे गये होंगे। वे बिजली फिटिंग व मरम्मत में समय ऐसी ही वस्तुओ की सहायता लेते हैं जो असंक्रामक हो, जैसे लकड़ी, रबर, रेशम, मिट्टी, चीनी आदि। इसमें विद्युत दूसरी ओर प्रवाहित नहीं होती। लोहा, पीतल, धातु ऐसी वस्तुएं हैं जिन्हें संक्रामक की संज्ञा दी जाती है। यदि इन्हें माध्यम भूल से बना लें तो विद्युत से हानि होना अवश्यम्भावी है।

उपर्युक्त सिद्धान्त को ध्यान में रखते हुए कुशासन या मृगचर्म, बाघचर्म, वस्त्रासन, काष्ठचौक व गोबर पुते चौक को पूजा-पाठ के कार्यों के लिए उपयुक्त माना गया है। कारण सभी वस्तुएं असंक्रामक हैं। ये वस्तुएं जातक व पृथ्वी में ऐसे माध्यम का काम देती हैं जिससे शक्ति या प्रवाह नीचे की ओर न हो। ठीक इसके विपरीत वस्त्र एवं पत्थर के आसन को वर्जित माना गया है। कारण कि ये दोनों संक्रामक हैं। इसमें पार्थिव विद्युत प्रवाहित हो सकती है। पूजा आदि के लिए पत्थर पर अधिक समय तक बैठने से गुदा के रोग भी हो सकते हैं।

दिशा

कोई भी मन्त्र जाप हो उसमें दिशा का ध्यान रखना भी परमावश्यक है। साधना में दिशा का ध्यान विशेष है, अपनी स्वयं की इच्छा से किसी भी उद्देश्य की पूर्ति के लिए किसी दिशा में बैठकर वांछित लाभ की प्राप्ति करना कठिन है। हर प्रकार की साधनाओं के लिए अलग-अलग निर्देशन दिया गया है। प्रातःकालीन सन्ध्या के पूर्व की ओर मुंह करने का नियम है। पूर्व में देवताओं का वास माना गया है—'प्राचीन हि देवानां दिक्।'

सन्ध्या में पूर्व की ओर बैठने का मूलभूत कारण यह है कि सूर्य पूर्व की ओर उदय होते हैं। सूर्य अग्नि व तेजस्विता के कारण हैं, प्रतीक हैं तथा प्राण शक्ति के अपार भण्डार हैं। सूर्य की हर किरण आरोग्यता की प्रेरक शक्ति है। यही कारण है कि सूर्य को स्थावर जंगम की आत्मा माना गया है। सूर्य से प्राण-शक्ति को आकर्षित करने के लिए आवश्यक है कि उसकी ओर ही मुख किया जाए। सूर्य सायंकाल में दोपहर के बाद पश्चिम की ओर चले जाते हैं, अतः सायंकालीन साधना पश्चिमाभिमुख होकर की जाती है। अपनी प्राण विद्युत को विश्व की महानतम प्राण-विद्युत के स्रोत सूर्य की ओर करने से साधना की सफलता में अधिकतम सुविधा रहती है। विपरीत धारा में चलने से कठिनाई का आना स्वाभाविक है। ईसाई अपने गिरजाघरों के तथा हिन्दू अपने देवालयों के द्वार पूर्व की ओर ही रखते हैं। पारसियों, बौद्धों, जैनियों की भी यही धारणा एवं मान्यता है।

सायंकालीन साधना पश्चिम की ओर मुख कर की जाती है। कारण कि सूर्य पश्चिम की ओर अस्त होता है। जिधर सूर्य की दिशा हो उधर ही मुख करने का नियम है। प्रातः पूर्व की ओर, सूर्य की ओर मुख करके साधना से जो लाभ प्राप्त होना चाहिए वह लाभ सायं पश्चिम की ओर मुख करके साधना करने से होता है।

उपवास

आत्मिक उत्थान के लिए उपवास का विशेष महत्त्व माना गया है। उपवास काल में साधक की आत्मिक शक्तियां जाग्रत तीव्र एवं चैतन्य रहती हैं। निद्रा, आलस्य, अकर्मण्यता का प्रादुर्भाव नहीं होता। यह भी एक तपश्चर्या है। इससे हमारी सोई शक्तियां सतत क्रियाशील रहती हैं। नवीन विचारों का उदय, मन में प्रसन्नता, स्वस्थ शरीर, विवेक बुद्धि का विकास होता है। विषय वासनाओं के प्रति विद्रोह भाव जाग्रत होता है। एक क्रमबद्ध जीवन जीने की प्रेरणा मिलती है। आत्मिक मलिनताओं के प्रति घृणा व उनके बन्धन से निकलने के लिए साधक छटपटाता है। विषय भोगों की जकड़न से मुक्त होने की तीव्र इच्छा जाग्रत होती है। उपवास-काल में कुछ ऐसे ही अनुभव होते हैं।

उपवास मन को गीली मिट्टी के समान बना देता है। जिस प्रकार कुम्हार गीली मिट्टी को चाहे जैसा बर्तन बना लेता है। उपवास के साथ स्वाध्याय, चिंतन-मनन, ध्यान आदि जो भी साधनाएं की जाती हैं, उनकी अमिट छाप मन पर पड़ती है। उपवास की अग्नि मन को जला कर मोम बना देती है, उस समय जैसा भी आकार बनाना चाहें बन सकता है। उपवास के दिन जो व्यक्ति अपनी सकाम-साधना करते हैं उनकी इच्छा पूर्ति अवश्य होती है। सदाचार, ब्रह्मचर्य, संयम, काम पर नियंत्रण यदि चाहे तो यह आशीर्वाद भी प्राप्त हो सकता है। ऋद्धि-सिद्धियों का भी यही एक मार्ग है। हमारे आन्तरिक शत्रु जो हमें दिन-रात घुन की तरह खाते रहते हैं और हमें शारीरिक व आत्मिक दृष्टि से भी खोखला बना देते हैं, उन पर विजय प्राप्त करना भी सरल हो जाता है। सत्य तो यह है कि उपवास शक्ति का भण्डार है।

मैंने भली प्रकार बार-बार अनुभव किया है कि उपवास के साथ की गई साधना शीघ्र फलदायी होती है। इन दिनों जो भी मनन, चिंतन विचार, साधना की जाती है। उसकी एक अमिट छाप मानसिक क्षेत्र पर अंकित हो जाती है, साधक का व्यावहारिक जीवन उसी ओर अग्रसर होता है। प्राणायाम, ध्यान, धारणा, समाधि व यान्त्रिक सिद्धि में उपवास सहायक साधन है। कारण! अन्य विभिन्न प्रकार के तपों की तरह उपवास भी एक तप है। जिसकी अग्नि में जलकर मन पर जमे मैल धुलने लगते हैं। मन की पवित्रता व शुद्धता ही शक्ति और सिद्धि की ओर ले जाती है। मेरा मन्तव्य (विचार) है कि सिद्धि के इच्छुक साधक उपवास को नहीं भूलें।

संयम

इन्द्रिय निग्रह का दूसरा नाम संयम है। संयम से तात्पर्य है शक्तियों के अपव्यय को रोकना। हमारे शरीर व मन में ईश्वर से प्रदत्त अनन्त शक्तियां भरी पड़ी हैं। उनका यदि उचित रीति से उपयोग व उपभोग किया जा सके तो हर व्यक्ति महानतम कार्यों को कर सकता है। शक्तिनाश का मार्ग भी यह इन्द्रियां हैं। इनपर यदि संयम न रहा तो हमारी सारी सामर्थ्य की बर्बादी हो जाएगी और शारीरिक, मानसिक, बौद्धिक, आत्मिक हर दृष्टि से पतन होना

अनिवार्य है। सफलता उससे किनारा कर जाएगी। इसके विपरीत जो व्यक्ति संयम पालता है, वह शक्तियों का संचय करता है। इससे वह अपनी शक्तियों के अथाह भण्डार को सुरक्षित रखता है, और किसी भी अभीष्ट दिशा में आशानुकूल सफलता प्राप्त कर सकता है।

मन्त्र साधना का मूल उद्देश्य अपनी गुप्त शक्तियों को जाग्रत करके अभीष्ट की पूर्ति करना है। शक्ति विकास के पथ पर चलने वाले साधक की दृष्टि चारों ओर से अपनी अमूल्य सम्पदा को सुरक्षित रखने की ओर रहती है। शक्ति तो तब बढ़ती है जब शक्ति को सहयोग मिलता है। यदि अपने शक्ति भण्डार में से शक्तियों का ह्रास होता रहे तो शक्ति-विकास साधना में बाधा पहुंचती है। शक्ति-विकास की विशिष्ट साधना अनुष्ठान में ऐसे नियमों के पालन का आदेश दिया गया है जिनसे संयम का अभ्यास बढ़ता है। जो साधक इनका पूर्णरूपेण पालन करता है, वह सिद्धि के मार्ग को प्राप्त करने में सफल हो जाता है। उपेक्षा करने वाले की सिद्धि भी उपेक्षा ही करती है। इन्द्रियों को यदि मनमानी करने दी गई तो मंत्र की सिद्धि में व्यवधान (रुकावट) आना स्वाभाविक है।

मौन

यदि शक्ति के ह्रास को रोकना है तो मौन रहने का अभ्यास करना चाहिए। मौन शक्ति की सुरक्षा करने में सक्षम है। मौन से शारीरिक अंगों में स्फूर्ति, मानसिक शक्तियों में वृद्धि और बुद्धि का विकास एवं आत्मबल बढ़ता है। यह सभी शक्तियां मनुष्य-जीवन के विकास में सहायक व आवश्यक होती हैं। यदि उनका अभाव हो गया तो जीवन असफलता की ओर उन्मुख हो जायेगा। बुद्धि सफलता की कुंजी है। जिस प्रकार बैटरी चार्ज करने से उन्हें पुनः काम में लाया जा सकता है, उसी प्रकार जब शरीर में विद्युत कम होने लगती है तो उसे पुनः लाने के लिए मौन रूपी चार्ज की आवश्यकता होती है। इसलिए मौन हर प्राणी के लिए अनिवार्य व आवश्यक है।

मौन व्रत भी साधना का एक आवश्यक अंग है। मौन रहना शक्ति-संचय की साधना है। उपवास, ब्रह्मचर्य, व्रत, अस्वाद आदि अनेक साधन हैं, जिनका उपयोग मन्त्र-उपासना-काल में किया जाता है। मौन के अभ्यास से शक्तियां सुरक्षित रहती हैं, जो मन्त्र-सिद्धि को सुलभ बनाती हैं। साधक जो इष्ट मन्त्र से शीघ्र सफलता प्राप्त करना चाहते हैं, उन्हें इस सहायक साधना का प्रयोग करना चाहिए।

आहार-शुद्धि

मनुष्य जैसा अन्न खाता है वैसी ही उसकी बुद्धि हो जाती है। यह आपने भली प्रकार सुना होगा। सात्त्विक अन्न खाने से सात्त्विक, राजसिक और तामसिक अन्न खाने से बुद्धि भी राजसिक और तामसिक हो जाती है। जो साधक अपने जीवन का निर्माण करना चाहते हैं, उन्हें सात्त्विक तथा ईमानदारी से प्राप्त अन्न का ही भोजन करना चाहिए। दुःख, सुख व बन्धन मुक्ति का यही कारण है। अस्वस्थ मन से ही चिन्ता, निराशा, शोक, दुःख, कलह, काम, क्लेश, ईर्ष्या, द्वेष, क्रोध, मोह, लोभ, दुर्भावनाएं उत्पन्न होती हैं। स्वस्थ मन इन वृत्तियों के लिए बंजर भूमि ही सिद्ध होती है, और इनके लिए आहार की आन्तरिक पवित्रता आवश्यक है।

जिनकी जिह्वा पराये अन्न रो जल गई है, जिसके हाथ परिग्रह (धन बटोरने) से जले हुए हैं, और जिनका मन पर स्त्री के चिन्तन से जलता रहता है, उन्हें भला सिद्धि कैसे हो सकती है। इसलिए मन्त्र सफलता के लिए आहार-शुद्धि को एक आवश्यक अंग माना गया है। इसकी उपेक्षा किये जाने पर साधना में व्यवधान आयेगा। ऐसा समझना चाहिए।

ध्वनि-समूह को मन्त्र कहते हैं। और ध्वनि का प्रभाव तो निश्चय ही होता है।

□□□